TRAVAILLER OU ÉTUDIER EN GRANDE-BRETAGNE ET EN IRLANDE

Samia Haddad
Stéphanie SALTI
Amina YALA

SOMMAIRE

Introduction 9

PARTIE I

La Grande-Bretagne 13

1. Bien préparer son départ 19

- Ce qu'il faut savoir avant de partir 19
  - *Le temps* 19
  - *Les jours fériés* 19
  - *La nourriture et les traditions culinaires* 20
  - *L'argent et les banques* 20
  - *Les moyens de communication* 21
  - *La santé* 22
- Les sources d'informations en France 24
  - *Informations d'ordre général* 24
  - *Informations sur les conditions d'études* 25

2. La vie au quotidien 29

- L'immatriculation consulaire 29
- Se loger à Londres 30
  - *Les résidences étudiantes* 30
  - *Les auberges de jeunesse* 30
  - *Le choix d'un appartement* 30
  - *L'option du* flatsharing 32
- Le coût des études 32
- Les moyens de transport : l'exemple londonien 33

3. Etudier en Grande-Bretagne 36

- L'enseignement supérieur britannique 36
  - *Le* first degree 36
  - *Le Dip. HE* 37
  - *Le BTEC HND* 37
  - *Le* postgraduate education 37
- Comment intégrer une université britannique ? 38
  - *Le choix d'un court séjour : les programmes européens* 38
  - *Le choix d'un long séjour : obtenir un diplôme anglais* 40

▶ Les universités britanniques 45
L'accueil 45
Les matières 45
▶ Les principales universités en bref 50
Le classement du Times 50
Les vingt-cinq premières universités 53

4. Travailler en Grande-Bretagne 64
▶ Grande-Bretagne : quelles opportunités pour les Français ? 64
Les Français en Grande-Bretagne 64
Les secteurs porteurs 66
▶ La recherche d'emploi 70
Le CV et la lettre de motivation 70
Où s'adresser ? 74
▶ Le droit du travail 78
Le contrat de travail 78
Les conditions de travail 79
▶ Les relations au travail 82
Les relations hiérarchiques 82
Au quotidien 83
La politesse 84
La flexibilité 84

5. Investir en Grande-Bretagne 86
▶ Où se renseigner ? 86
▶ Créer sa société 88

6. Les principales villes britanniques 90
▶ Aberdeen 90
Où est-ce ? 90
La vie culturelle 90
La population 91
▶ Belfast 91
Où est-ce ? 91
La vie culturelle 91
La population 91
▶ Birmingham 92
Où est-ce ? 92
La vie culturelle 92
La population 92

▶ Brighton	93
Où est-ce ?	93
La vie culturelle	93
La population	93
▶ Bristol	93
Où est-ce ?	93
La vie culturelle	94
La population	94
▶ Cambridge	94
Où est-ce ?	94
La vie culturelle	94
La population	95
▶ Cardiff	95
Où est-ce ?	95
La vie culturelle	95
La population	95
▶ Edimbourg	96
Où est-ce ?	96
La vie culturelle	96
La population	96
▶ Glasgow	96
Où est-ce ?	96
La vie culturelle	97
La population	97
▶ Hull	97
Où est-ce ?	97
La vie culturelle	98
La population	98
▶ Liverpool	98
Où est-ce ?	98
La vie culturelle	98
La population	99
▶ Londres	99
▶ Manchester	100
Où est-ce ?	100
La vie culturelle	101
La population	101

PARTIE II

L'Irlande 103

■ 1. **Bien préparer son départ** 109

- Ce qu'il faut savoir avant de partir 109
  - *Le temps* 109
  - *Les jours fériés* 110
  - *La nourriture et les traditions culinaires* 110
  - *L'argent et les banques* 111
  - *Les moyens de communication* 112
  - *Le courant* 113
  - *La santé* 113
- Les sources d'informations en France 114

■ 2. **La vie au quotidien** 117

- L'immatriculation consulaire 117
- Se loger en Irlande 117
  - *Louer un appartement* 118
  - *La colocation* 118
  - *Les résidences universitaires* 119
  - *Les* Bed and Breakfast *(B & B) et auberges de jeunesse* 120
- Les moyens de transport 120
  - *La voiture* 120
  - *Les transports publics* 121

■ 3. **Etudier en Irlande** 123

- L'enseignement supérieur irlandais 123
  - *L'inscription* 125
  - *Le coût* 126
- Les universités irlandaises 128

■ 4. **Travailler en Irlande** 135

- Irlande : quelles opportunités pour les Français ? 135
  - *Les Français en Irlande* 136
- La recherche d'emploi 137
  - *Comment postuler ?* 137
  - *Comment procéder ?* 138
- Le droit du travail 141
  - *Le contrat de travail* 141
  - *Les conditions de travail* 142
- Les relations au travail 143

5. **Investir en Irlande** 145

- Où se renseigner ? 145
- Créer sa société 147

6. **Les principales villes irlandaises** 149

- Cork 149
  - *Où est-ce ?* 149
  - *La vie culturelle* 149
  - *La population* 150
- Dublin 150
  - *Où est-ce ?* 150
  - *La vie culturelle* 150
  - *La population* 151
- Galway 151
  - *Où est-ce ?* 151
  - *La vie culturelle* 151
  - *La population* 152
- Limerick 152
  - *Où est-ce ?* 152
  - *La vie culturelle* 153
  - *La population* 153

CARNET D'ADRESSES 155

Introduction

Do you want to improve your English ? Une question à laquelle vous avez sans doute eu à répondre à de très nombreuses reprises. Et quoi de mieux qu'un séjour à l'étranger, et pourquoi pas en Grande-Bretagne ou en Irlande, pour satisfaire ce besoin de plus en plus pressant de devenir parfaitement à l'aise dans la langue de William Shakespeare et d'Oscar Wilde ? Ces deux îles ont les faveurs des Français, la Grande-Bretagne depuis longtemps, l'Irlande de manière plus récente, mais avec un intérêt de plus en plus grand. Il faut dire que ces deux pays présentent un certain nombre d'avantages : la proximité géographique ; une culture assez proche tout en étant différente ; l'appartenance à l'Union européenne, ce qui facilite grandement les démarches administratives – ainsi, nul besoin de visa ou de permis de travail pour s'y établir – et garantit les mêmes droits qu'aux nationaux en matière d'éducation, d'emploi, de création d'entreprises, de fiscalité, etc.
Si le Royaume-Uni, et plus récemment l'Irlande ont longtemps été considérés comme des eldorados en terme d'emploi, bénéficiant tous deux de taux de chômage relativement bas, la situation a bien changé. La crise financière mondiale a eu de graves conséquences sur ces deux pays. Le Royaume-Uni a ainsi connu une croissance négative en 2009 (- 5 %), après avoir connu une croissance à vitesse grand V. L'Irlande a également subi de plein fouet la crise mondiale. Son taux de chômage a ainsi doublé, passant de 5,9 % à près de 14 % en 2009. Toutefois, ces deux pays devraient bénéficier de la reprise mondiale. A cela, ajoutons le coût de la vie qui resté élevé, notamment en ce qui concerne l'immobilier dans des métropoles comme Londres ou Dublin... Malgré ce contexte difficile, certains secteurs spécialisés connaissent quelques difficultés de recrutement (informatique, sciences, vente, marketing, santé, comptabilité, ingénierie et gestion). A vous, donc, de bien peser le pour et le contre avant de vous engager !

Les motivations à l'expatriation sont multiples. On peut partir pour se perfectionner en langue, poursuivre ses études, trouver un emploi, *booster* sa carrière, créer son entreprise… Aussi diverses soient-elles, ces raisons sont souvent liées à une envie de vivre une expérience différente, de découvrir un autre pays, de changer d'air, de s'enrichir au contact d'une autre culture… Mais attention : un départ, quel qu'il soit, ne s'improvise pas. Et différentes questions doivent se poser avant tout départ précipité. Ainsi, souhaitez-vous effectuer un court séjour (de trois à douze mois) ou partir plus longtemps ? Finir votre cycle d'études ou faire toutes vos études universitaires à l'étranger ? Dans le cas d'un projet professionnel, partir en ayant déjà trouvé un emploi ou en chercher un sur place ? Monter votre propre entreprise ou reprendre une activité existante ? Il est évident que, pour chaque cas de figure, les préparatifs sont différents.

Si vous partez dans le cadre de vos études, hormis les inscriptions universitaires et l'ensemble des obligations administratives qui seront les vôtres, vous devez également penser à tous les petits détails quotidiens qui feront votre lot sous peu : comment va s'organiser ma vie au jour le jour ? Quel type de transport vais-je prendre ? Pour quel type de logement vais-je opter (résidence universitaire, appartement, auberge de jeunesse...) ? Bref, comment budgéter tout cela ?
Si vous partez dans un cadre professionnel, il vous faudra vous renseigner sur les questions liées à l'emploi : quels sont les secteurs porteurs, quelles sont les modalités de recrutement, qu'en est-il des conditions de travail, de la législation locale et de la fiscalité ? Comment créer son entreprise ? Qui peut m'y aider ? Quelles sont les modalités pratiques en termes de logement, de santé ou de transport ?

C'est à ces différentes questions que ce guide a pour objectif de répondre. D'abord et avant tout en vous proposant un panorama succinct des particularités de la vie britannique et irlandaise – sans trop de clichés, nous l'espérons – mais aussi en précisant les sources d'informations ainsi que les démarches à envisager, que ce soit pour s'inscrire dans un établissement d'enseignement supérieur, pour trouver un emploi ou pour créer sa société.

Mieux vous faire connaître les principales villes britanniques et irlandaises semblait également un point important. Non pas à la manière des guides touristiques, mais plutôt comme un éclairage succinct de ce à quoi la vie dans ces différentes villes peut ressembler. Bref, vous donner un avant-goût de ce que vous pourrez découvrir…

Bonne lecture !

A noter

Le Royaume-Uni comprend la Grande-Bretagne
et l'Irlande du Nord,
l'Irlande « du Sud » étant une entité à part.

Les deux termes « Royaume-Uni » et « Grande-Bretagne »
étant couramment usités,
l'auteur s'est permis de les utiliser indistinctement.

LA **GRANDE-BRETAGNE**

PARTIE I

Les relations entre la France et la Grande-Bretagne sont à la fois ambiguës et contrastées. Par le passé, tour à tour ennemis puis alliés, ces deux pays sont souvent rivaux dans certains domaines et partenaires dans d'autres. Et ce qui fait la fierté des uns, bien souvent, irrite les autres. Ainsi en est-il de l'insularité des Britanniques. Mais les relations évoluent au cours du temps et au gré des événements. Il en est un qui a contribué à modifier ces rapports, peut-être plus du côté britannique d'ailleurs, c'est la création d'Eurotunnel. Ce passage sous la mer constitue un véritable lien matériel qui rattache désormais l'île au continent. Ce rattachement physique concourt à rapprocher psychologiquement les deux peuples.
Le Royaume-Uni est un partenaire essentiel pour la France dans le domaine des échanges commerciaux, comme en matière d'investissements. Ainsi, chaque année, des milliers de Français franchissent-ils la Manche pour séjourner en Grande-Bretagne de manière plus ou moins prolongée. Parmi eux, on trouve tout à la fois des étudiants venant compléter une formation supérieure ou perfectionner leur anglais, des stagiaires, des jeunes ou moins jeunes, qui viennent y travailler. Pour ces derniers, les situations sont très variées et contrastées. Certains exercent dans le prestigieux microcosme de la *City*, travaillent d'arrache-pied et gagnent beaucoup d'argent ; d'autres vont de petits boulots en petits boulots, souvent peu qualifiés, serveurs un jour, vendeurs le lendemain… essayant de s'adapter tant bien que mal à la flexibilité anglaise. Car s'il est vrai qu'on peut trouver un emploi en moins de 48 heures en Grande-Bretagne, on peut le perdre tout aussi rapidement ! Rien n'est jamais acquis, tout n'est qu'un éternel recommencement. Certains y verront une façon d'aller de l'avant, de progresser, de se remettre en question, d'évoluer ; d'autres, au contraire, jugeront le système trop rude et trop précaire. Tout est question de point de vue, mais mieux vaut partir en connaissance de cause.

Parcours

Manuela, 25 ans, de la difficulté d'être une pionnière

Quand Manuela est partie de Rennes en 1995 pour rejoindre les rangs de l'université de South Bank à Londres, elle y allait un peu en pionnière. « *Ce départ s'inscrivait dans le cadre d'un échange Socrates entre ma faculté (Rennes) et South Bank University. J'étais alors en licence de LEA (langues étrangères appliquées) option traduction. J'étais la première à effectuer cet échange. A l'origine, je devais partir pour Newcastle, mais rien ne s'est fait. Ma fac m'a laissée partir à la condition que je repasse certaines unités de valeur en France. C'est ce que j'ai fait.* » Arrivée à Londres, Manuela a fait jouer le « système D » avec beaucoup de brio : « *Je ne disposais d'aucune bourse et mes seuls revenus étaient la somme allouée par mes parents à l'époque. J'ai donc décidé de trouver un emploi. Grâce à la coordinatrice de mon université, j'ai pu intégrer un journal et faire de la recherche marketing pendant six mois. Ce travail était d'autant plus aisé à réaliser que je n'avais pas à passer la totalité du cursus en Grande-Bretagne et qu'il n'y avait notamment pas d'examen final.* » Côté logement, Manuela dormait dans une cité universitaire (Dante Road) qu'elle a trouvée par ses propres moyens : « *A l'époque, le logement coûtait près de 600 francs par semaine (environ 90 euros). Les conditions y étaient correctes et en particulier la sécurité, ce qui ne va pas forcément de soi dans une grande ville comme Londres.* » Après quelques allers-retours entre la France et la Grande-Bretagne (maîtrise et validation des examens obligent), Manuela hésite à poursuivre un DESS : « *Mon objectif était de revenir habiter en Grande-Bretagne, et je ne pensais réellement pas qu'un diplôme supplémentaire fasse une grande différence dans ce pays.* » La décision est prise : Manuela s'en retourne à Londres et cherche du travail. Une mission pas vraiment facile à en juger par son premier *job* comme traductrice, en *free lance* : « *Mes journées commençaient parfois à cinq heures du matin pour s'achever à minuit et je n'étais jamais sûre d'être payée par le client. J'ai travaillé comme vendeuse chez Harrods, puis j'ai fini par intégrer une agence de recrutement dans le centre de Londres.* » Et là, Manuela débute comme réceptionniste, puis fait de l'administration. Ce n'est que quelques mois plus tard qu'elle sera promue au rang de recruteuse (« *un poste était devenu vacant* »). Six mois après, on lui demande de se partager entre recrutement et traduction et aujourd'hui, elle se consacre uniquement à la traduction. Une belle manière de revenir à sa formation de départ.

ROYAUME-UNI

Superficie	244 101 km^2
Population	61 millions d'habitants
Capitale	Londres
Villes principales	Manchester, Birmingham, Leeds, Glasgow, Liverpool, Edimbourg, Belfast, Bristol, Cardiff
Langues officielles	anglais, gallois, gaélique écossais
Etat	monarchie constitutionnelle
Régime	démocratie parlementaire
Monnaie	livre sterling (1 £ = 1,48 euro)
Fête nationale	le Royaume-Uni n'a pas de fête nationale, mais chaque nation a sa propre fête : • Angleterre : 23 avril (Saint-Georges) • Ecosse : 30 novembre (Saint-André) • Irlande : 17 mars (Saint-Patrick) • Pays de Galles : 1er mars (Saint-David)
Croissance démographique	+ 0,29 %
Espérance de vie	81,3 ans pour les femmes ; 76,2 ans pour les hommes (chiffres 2007)
Taux d'alphabétisation	99 %
Religions	chrétiens 71 %, musulmans 2,7 %, hindouistes 1 %, sikhs 0,6 %, juifs 0,5 %, bouddhistes 0,3 %, sans religion 15,5 % (Source : recensement 2001)
Indice de développement humain (Source : classement ONU 2004)	18e
PIB (2008)	1 868 milliards d'euros (France : 1 930 milliards d'euros)
PIB par habitant (2009, estimation)	26 476,40 euros (France : 24 540 euros) (Source : CIA World Factbook)
Croissance du PIB	1,8 %
Taux de croissance du PIB en volume	0,7 (Source : Insee)
Taux de chômage (septembre 2009)	7,8 %
Taux d'inflation (2008)	3,6 %
Communauté française au Royaume-Uni	environ 300 000 personnes
Communauté britannique en France	environ 200 000 personnes

1. Bien préparer son départ

Ce qu'il faut savoir avant de partir

Tout ou presque a été dit sur la Grande-Bretagne : son temps pluvieux, ses tarifs explosifs, en particulier dans la capitale, son absence de cuisine, ses taxis noirs (les *cabs*), ses bus rouges, ses cabines téléphoniques de la même couleur, le goût de ses habitants pour l'*understatement*. Bref, on a l'impression de connaître ce pays par cœur. Pourtant, des pans entiers de cette culture semblent échapper à ses voisins. Voilà de quoi faire le point sur ce qu'est réellement la Grande-Bretagne.

Le temps

Si vous parlez météo à un Britannique, la première chose qu'il vous dira est la suivante : « *Le temps est ici complètement imprévisible... ou presque.* » Même si cela paraît encore un peu cliché, la Grande-Bretagne reste un pays humide – bien que les jours de pluie complets soient plutôt rares. Les prévisions météo prennent d'ailleurs un temps non négligeable lors de leur présentation télévisée. Ne soyez pas surpris d'entendre rituellement la même phrase, à savoir : « *The day will be cloudy with sunny intervals and some rain at times.* » Autrement dit, temps nuageux avec quelques percées ensoleillées et de la pluie par moments. Autre indication : les probabilités de pluie dans la journée sont évoquées au moyen de pourcentages. Ainsi, quand la probabilité est de 99 %, les risques d'ensoleillement sont-ils plutôt réduits. Plus sérieusement, le climat de la Grande-Bretagne est doux et maritime et les températures descendent rarement au-dessous de zéro, même au plus froid de l'hiver. De la même manière, ne vous attendez pas à des étés étouffants, la température ne grimpant que rarement au-dessus de 25 °C. La plupart du temps, vous rencontrerez des températures allant de 10 à 20 °C. Le climat n'est donc pas ce qui est le plus attractif dans ce pays.

Les jours fériés

Appelés *bank holidays*, les jours fériés en Grande-Bretagne remontent à l'époque victorienne et étaient un moyen pour les ouvriers de trouver un peu de repos après de très longues journées de travail. Aujourd'hui, ces jours fériés sont devenus une véritable tradition.

Si les jours fériés tombent un samedi ou un dimanche, le gouvernement applique par décret une journée de congé le lundi suivant. Les jours fériés sont les suivants : le 1er janvier, le vendredi saint (*Good Friday*), le lundi de Pâques (*Easter Monday*), le premier lundi de mai, le dernier lundi de mai, le *dernier* lundi du mois d'août, le 25 décembre, le 26 décembre (*Boxing day*).

La nourriture et les traditions culinaires

La cuisine anglaise a beau être raillée de toutes parts, elle n'en présente pas moins quelques spécificités et des tentatives d'amélioration récentes. Ainsi, en Grande-Bretagne, assiste-t-on actuellement à l'émergence de nombreuses émissions culinaires, la BBC proposant même un « Food Programme ». L'une des figures les plus connues est Jamie Oliver, mieux connu sous le nom du *naked chef*. Ce jeune chef cuisinier a marqué de son empreinte l'univers culinaire britannique avec une émission dont le succès a été tel qu'il a dépassé les frontières. Il est notamment connu pour son combat contre les nourritures trop grasses dans les cantines anglaises. Il vient par ailleurs de lancer un cours de cuisine dans les *secondary schools* et les *colleges*. L'idée ? Apprendre aux jeunes Britanniques à se nourrir de façon plus saine. Un véritable coup de jeune donné à la Grande-Bretagne, qui commence peu à peu à innover en matière culinaire.

Mais n'allez pas croire pour autant que les spécialités aient disparu. Ainsi, le *fish and chips*, ce poisson pané accompagné de pommes frites, ou encore quelques plats typiquement locaux tels que le *welsh lamb*, l'agneau gallois, ou encore le *haggis*, cette panse de brebis farcie, véritable spécialité écossaise, résistent à toutes les modes. Même chose pour le *pudding* ou encore la *clotted cream* qui accompagne les *scones* avec de la confiture.

Sachez aussi que, si les Anglais sont des adeptes invétérés du déjeuner sur le pouce (sandwichs à l'appui), ils ne sacrifieront que très rarement au traditionnel *Sunday lunch* composé presque toujours de *roast-beef* et de *pudding*.

L'argent et les banques

Vous le savez, la monnaie en vigueur en Grande-Bretagne reste la livre sterling et son cours actuel se situe aux alentours de 1 livre pour 1,11 euro, le cours étant fluctuant dans la mesure où la Grande-Bretagne n'est pas rattachée à la zone euro. Pour connaître

le taux de change du jour, vous pouvez vous rendre sur le site du *Financial Times*, rubrique « *Currency converter* ». Vous trouverez à la fois des billets de 5, 10, 20, et 50 livres. Ces derniers étant à éviter : les Anglais se montrent éminemment suspicieux quant à la présentation de ces billets (le soupçon de blanchiment d'argent est bien réel). Quant aux pièces, vous avez le choix entre 1, 2, 5, 10, 20, 50 *pence*, 1 et 2 livres.
Si vous vous baladez en Irlande ou en Ecosse, vous tomberez sur des billets différents. Théoriquement, tous sont valables d'un pays à l'autre, mais il peut arriver que l'on vous refuse des billets écossais ou irlandais en Angleterre (toujours cette vieille méfiance). Un conseil, donc : changez vos billets avant de fouler le sol anglais.

Dans les banques, les horaires d'ouverture sont variables d'une ville à l'autre. Mais de manière générale, dans les grandes villes, ces établissements seront ouverts de 9 h 30 à 16 h 30, tandis que dans les villes plus petites, les horaires de fermeture avoisineront les 15 h 00. Les distributeurs de billets se trouvent en général dans les rues commerçantes, près des supermarchés (parfois même à l'intérieur). Les cartes les plus fréquemment acceptées – hormis celles émises par les banques britanniques – sont des Visa et Mastercard. Grâce à ces cartes, vous pouvez demander directement de l'argent à votre supermarché, qui fonctionne en l'occurrence comme un véritable établissement financier.

Les moyens de communication

Le téléphone

Les bonnes vieilles cabines téléphoniques rouges sont progressivement en train de laisser leur place à des cabines grises, beaucoup moins éloquentes. Seront acceptées, pour le *cash*, des pièces de monnaie de 10, 20, 50 *pence* et 1 livre. Certaines acceptent les pièces de 2 livres. Comme en France, les cartes de crédit ou encore les cartes de téléphone disponibles dans les postes ou chez les *newsagents*, autrement dit les buralistes, sont acceptées.
A noter qu'en Grande-Bretagne, les tarifs des communications sont les plus élevés entre 8 heures et 18 heures pendant les jours de la semaine. Tous les numéros commençant par 0800 sont gratuits. Si vous voulez passer un coup de fil en France, l'indicatif sera : 00 (préfixe de l'international), suivi du 33 et de votre numéro sans le 0 (exemple, pour un appel en région parisienne : 00 33 1 45 XX XX XX).

A l'inverse, pour appeler la Grande-Bretagne, il vous faudra composer le 00 44 suivi du numéro de votre correspondant, là encore en omettant le 0 (exemple pour un numéro à Londres : 00 44 20 7 XXX XX XX).

▶ **Quelques numéros spéciaux** :
• urgences : 999 ;
• numéro unique d'appel d'urgence européen : 112 ;
• renseignements internationaux : 153 ;
• opérateur international : 155.

Sachez enfin qu'une pléiade d'opérateurs fournissent des abonnements au téléphone et à Internet, ainsi que des forfaits pour la téléphonie mobile, à des tarifs très compétitifs. A vous de faire votre choix en consultant leurs offres et services. Voici quelques-uns des opérateurs les plus importants :
• AOL (www.aol.co.uk) ;
• BT (www.bt.com) ;
• Free (www.freeuk.com) ;
• Orange (www.orange.co.uk) ;
• Tesco (www.tesco.com/telecoms) ;
• Tiscali (www.tiscali.co.uk) ;
• Virgin (www.virginmobile.com) ;
• O2 (www.o2.co.uk) ;
• Vodafone (www.online.vodafone.co.uk) ;
• T Mobile (www.t-mobile.co.uk).

La poste

Pour affranchir votre courrier en direction de l'Europe, il vous faudra acheter des *European stamps*, autrement dit des timbres européens, vendus sous la forme de quatre ou dix timbres, au choix. Pour l'affranchissement de votre courrier britannique, il vous faudra en revanche opter pour les *first class stamps* ou encore les *second class* (tarif rapide/ tarif lent), selon l'urgence de votre *mail*. Sachez que vous pouvez également trouver des timbres chez les *newsagents* ou encore dans certaines grandes surfaces.

La santé

L'accès aux soins au Royaume-Uni est gratuit à la condition que vous vous adressiez à un établissement dépendant de la NHS (*National Health Service*) autrement dit un établissement public.

Super Important

La première démarche à accomplir est de vous inscrire chez votre médecin de quartier, plus connu sous le nom de GP ou *General Practitioner*. Théoriquement, chaque quartier recouvre plusieurs GP et une liste de ces praticiens est disponible auprès de votre bureau de poste, de bibliothèques ou encore auprès de la *Local Health Authority*. Inscrivez-vous avant même d'aller effectuer votre consultation : ce n'est qu'à ce prix qu'elle sera gratuite. À cette occasion, vous recevrez un numéro du *National Health Service*.

Si vous devez vous rendre chez un spécialiste, force est également de passer par un GP qui vous aiguillera sur la bonne personne à contacter. Même démarche pour une éventuelle hospitalisation. Là encore, les soins seront dispensés gratuitement, sauf si vous demandez des dispositions spéciales ou encore des soins plus coûteux que ceux qui ont été jugés nécessaires.
Les soins dentaires entrent également dans le cadre de la NHS : vous n'avez qu'à payer 80 % des frais jusqu'à concurrence de 360 livres par traitement. Cette règle n'est pas applicable dans le cadre de couronnes, prothèses dentaires, bridges, etc.
Les soins oculaires sont normalement payants.

Si vous préférez vous adresser à un médecin français, sachez que le consulat de France dispose de ce genre d'informations et vous fournira la liste des médecins disponibles, en particulier à Londres, où généralistes et spécialistes sont nombreux. En revanche, la consultation y sera payante.
Dans cette ville, sachez aussi qu'il existe deux établissements français. Il s'agit du dispensaire français et du *Medicare* français. Ce dernier est ouvert du lundi au vendredi, de 8 heures à 20 heures et le samedi, de 8 heures à 14 heures. Les consultations sont de 60 livres en dentaire, 65 livres en médecine générale et 75 livres pour un spécialiste. Les consultations sont de 76 livres en médecine générale, 79 livres pour les soins dentaires et 86 livres pour un spécialiste.

▶ Contacts

• Family Health Services Appeal Authority – 30, Victoria Avenue – Harrogate HG1 5PR. Tél. : 014 2353 5405. Fax : 014 2352 2034. Internet : www.fhsaa.org.uk E-mail : mail@fhsaa.nhs.uk
• Guy's Hospital – St Thomas Street – London SE1 9RT (Walk-in pour les services dentaires). Tél. : 020 7188 7188. Internet : www.guysandstthomas.nhs.uk
• Medicare français – 3, Harrington Gardens – London SW7 4JJ. Tél. : 020 7370 4999.

• Le dispensaire français (l'inscription au dispensaire est de 10 livres pour une année. La consultation avec un généraliste ou avec un spécialiste est de 10 livres également) – 184, Hammersmith Road – London W6 7DJ. Tél. : 020 8222 8822. Fax : 020 8222 8823.

LA PROTECTION SOCIALE EN GRANDE-BRETAGNE

Si vous envisagez de chercher du travail en Grande-Bretagne, sachez que deux démarches s'imposent à vous : d'une part, l'inscription au *National Health Service* et d'autre part, au *Department of Social Security*. Dès le début de votre contrat de travail, rendez-vous au *Department of Social Security* le plus proche, muni d'une attestation de travail ou d'un contrat de travail. Vous recevrez un *National Insurance Number* (un numéro de sécurité sociale) temporaire. Ce n'est que quelques semaines plus tard que vous recevrez votre numéro définitif. Il vous faudra alors le communiquer à votre employeur. Cette inscription est complètement indispensable pour que les cotisations sociales prélevées chaque mois sur votre salaire soient bien reversées sur votre compte de sécurité sociale britannique. Dans la même veine, vous devrez aussi remplir un formulaire P46 qui sera adressé au *Tax Office* (bureau des impôts) de votre employeur, et vous obtiendrez ainsi un *Tax Code* (code d'imposition).

Les sources d'informations en France

Un étudiant averti en vaut deux. Une maxime particulièrement vraie quand il s'agit de partir faire ses études à l'étranger. Aussi avons-nous décidé de vous donner quelques adresses susceptibles de vous aider dans l'Hexagone, aussi bien dans vos démarches d'ordre général que pour des informations utiles sur vos conditions d'études.

Informations d'ordre général

Sources d'Europe

Situé à Paris, ce centre s'est spécialisé dans la délivrance d'informations sur les pays de l'Union européenne, y compris les programmes, les conditions d'études, etc. Le fonds documentaire est situé dans les locaux de la Documentation française. L'accès y est libre et gratuit. Au moment de vous y rendre, pensez à vous munir d'une pièce d'identité.

▶ **Contacts**
• Touteleurope : le portail d'informations sur les questions européennes. Internet : www.touteleurope.fr
• La Documentation française – 29, quai Voltaire – 75007 Paris. Tél. : 01 40 15 72 72. Internet : www.ladocumentationfrancaise.fr

Ambassade de Grande-Bretagne en France

Comme toute ambassade, autrement dit comme tout représentant officiel de son pays, l'ambassade de Grande-Bretagne en France vous donnera, avant votre départ, des informations relatives à la politique, le droit, l'économie, le système éducatif ou emplir si vous avez l'intention de vous établir durablement dans ce pays.

▶ **Contact**
Ambassade de Grande-Bretagne en France – 35, rue du faubourg Saint-Honoré – 75008 Paris. Tél. : 01 44 51 31 00. Fax : 01 44 51 32 34. Internet : http://ukinfrance.fco.gov.uk/fr

Office de tourisme de Grande-Bretagne (*Visitbritain*)

Rappelons tout d'abord que *Visitbritain* est fermé au public. Vous pouvez trouver sur son site quantité d'informations et des renseignements pratiques. Il est également possible de télécharger des brochures.

▶ **Contact**
BP 154-08 – 75363 Paris cedex 08. Tél. : 01 58 36 50 50.
Fax : 01 58 36 50 51. Internet : www.visitbritain.com
E-mail : gbinfo@visitbritain.org

Informations sur les conditions d'études

CIO Europe

Sachez qu'il existe en France plusieurs CIO (centres d'information et d'orientation) compétents pour vous donner des informations sur les conditions d'études en Europe, les bourses, les stages ou encore les possibilités de postes. Vous pouvez obtenir des informations par courrier ou sur place.

▶ **Contact**
CIO Relais Europe – 14, avenue René-Boylesve – 75016 Paris.
Tél. : 01 46 47 20 25.
Liste des CIO Europe : http://cio-europe.scola.ac-paris.fr

CIDJ

Disposant de 31 antennes régionales, le CIDJ (Centre d'information et de documentation pour la jeunesse) donne des informations sur les possibilités d'études, de filières, les bourses d'enseignement supérieur et une foule de renseignements sur la vie étudiante en général. Cet organisme propose également une multitude de renseignements consacrés aux études et au travail dans les pays étrangers, dont la Grande-Bretagne. Vous pouvez consulter des dossiers, mais également acheter des fiches sur place ou par correspondance. Vous avez en outre la possibilité de prendre rendez-vous avec un conseiller.

▶ **Contact**
CIDJ (siège) – 101, quai Branly – 75740 Paris cedex 15.
Tél. : 01 44 49 12 00. Internet : www.cidj.com

British Council

Totalement incontournable, ce centre vous renseignera sur les conditions d'études en Grande-Bretagne, les diplômes, les différents cursus possibles, les conditions de vie étudiante, l'hébergement, etc. Bref, une véritable mine de renseignements. D'autre part, le *British Council* prépare à un certain nombre d'examens de langue anglaise dont le BEC (*Business English Certificates*) et le BULATS (*Business Language Testing Service*) et l'IELTS (*Internationl English Language Testing System*). Intéressant également : ce centre possède des dossiers d'inscription pour certains établissements britanniques, ainsi que des dossiers pour des demandes de bourses.

▶ **Contact**
British Council – 9, rue de Constantine – 75340 Paris cedex 07.
Tél. : 01 49 55 73 00. Internet : www.britishcouncil.org/fr
E-mail : exams@britshcouncil.fr

The Language Network

The Language Network a été créé en partenariat avec la chambre de commerce et d'industrie franco-britannique et succède ainsi au FBES (*Franco-British Educational Services*), l'un des services de la CCI franco-britannique. *The Language Network* donne des informations sur les modalités d'inscription aux examens de langue anglaise. La structure aide à la préparation aux examens de la FBCCI et à l'apprentissage de l'anglais professionnel. Elle gère et prépare aux diplômes suivants : le *Business English Skills Test* (BEST), le *Certificate in English for Business Communication* (EBC) et le *Diploma in Business English* (DBE).

▶ Contact
The Language Network – 33, avenue Philippe-Auguste – 75011 Paris. Tél. : 01 44 64 82 23. Fax : 01 44 64 82 25.
Internet : www.languagenetwork.net

University of London Institute of Paris

Cet institut, rattaché à l'université de Londres, dépend du système universitaire britannique. Il propose un cursus post-licence et un BA en *French Studies*.

▶ Contact
University of London Institute of Paris – 11, rue de Constantine – 75340 Paris cedex 07. Tél. : 01 44 11 73 83/76. Fax : 01 45 50 31 55.
Internet : www.bip.lon.ac.uk

NARIC

Il est indispensable d'y faire un tour si vous vous lancez dans des études à l'étranger. Le NARIC (*National Academic Recognition Information Centres*) est en effet un centre d'informations sur les procédures de reconnaissance de diplômes. Autrement dit, complètement incontournable dans le cadre de poursuite d'études ou encore en vue d'une recherche d'emploi. A l'origine implanté dans des pays membres de l'Espace économique européen, il est aujourd'hui beaucoup plus global, puisqu'il est présent bien au-delà des frontières de l'Europe.

La Grande-Bretagne

▶ **Contacts**

• En France : CIEP, ENIC-NARIC France – 1, rue Descartes – 75005 Paris. Tél. : 01 45 07 63 21. Internet : www.ciep.fr/enic-naricfr E-mail : enic-naric@ciep.fr

• En Grande-Bretagne : National Academic Recognition Information Centre ECCTIS 2000 – Ltd Oriel House Road UK – Cheltengham GL50-1XP. Tél. : 00 44 871 330 7033. Fax : 00 44 870 990 1560. Internet : www.naric.org.uk. E-mail : info@naric.org.uk

• Site du réseau international : www.enic-naric.net

2. La vie au quotidien

L'immatriculation consulaire*

L'immatriculation au consulat de France est vivement conseillée car elle peut faciliter nombre de démarches administratives. Par exemple, elle sera complètement indispensable pour la demande d'une carte nationale d'identité, d'une bourse d'études, ou encore pour une inscription électorale sur la liste d'une commune française. Enfin, elle peut donner lieu à une indemnisation si vous, ou vos biens, faites l'objet d'un acte de terrorisme.
De la même manière, une inscription vous permet de réduire les délais pour la délivrance de certains documents (renouvellement de documents d'identité, par exemple). Enfin, elle prouve vote nationalité auprès des autorités britanniques.

LES DOCUMENTS À FOURNIR POUR UNE IMMATRICULATION CONSULAIRE

Pour obtenir l'immatriculation consulaire, il vous faudra fournir un certain nombre de documents :
- votre carte nationale d'identité et/ou votre passeport ;
- une photographie d'identité récente sur fond blanc ;
- le livret de famille, si vous êtes marié(e) ;
- la copie intégrale de votre acte de naissance ;
- un justificatif récent de domicile : un relevé bancaire, un contrat de bail, une facture de gaz, d'électricité, etc.
- une copie intégrale de l'acte de naissance pour les personnes nées à l'étranger.

Vous pouvez soit vous présenter au consulat général de France à Londres avec tous ces documents (du lundi au jeudi, de 8 h 45 à 12 h 00 et le vendredi, de 8 h 45 à 11 h 30), soit vous inscrire directement sur Internet, en scannant vos documents, soit encore faire une demande par courrier.

** On parle aussi d'« inscription au registre des Français établis hors de France ».*

▶ **Contact**
Consulat général de France à Londres – 21, Cromwell Road – London SW7 2EN. Tél. : 020 7073 1200 (standard). Fax : 020 7073 1256. Internet : www.ambafrance-uk.org

Se loger à Londres

Les résidences étudiantes

Elles sont extrêmement nombreuses à Londres et accueillent un nombre limité d'étudiants – en général entre 200 et 500. Certaines sont mixtes, d'autres pas.

▶ **Pour en savoir plus** : le site des University of London Housing Services : http://housing.london.ac.uk/cms, et le site www.lon.ac.uk

Les auberges de jeunesse

Là encore, une adresse à consulter : celle de l'*International Students House*. Situé près de *West End*, l'ISH n'offre pas moins de 700 lits ainsi que différentes options. Par exemple, des appartements sont disponibles pour les couples avec ou sans enfants, ainsi que des studios. Les prix de ces derniers varient en moyenne de 611 à 950 livres par mois.
Quant aux autres tarifs, ils se situent, par semaine, autour de 130 livres pour un lit simple, 97 livres pour une chambre double et 75 livres pour une chambre triple. Pour les résidents de longue durée, une caution de 450 livres est demandée.

▶ **Pour en savoir plus** : www.ish.org.uk
Accomodation office : accom@ish.org.uk

Le choix d'un appartement

Quand on prend conscience du niveau de vie incroyablement élevé à Londres, les astuces en matière de logement sont les bienvenues. Premier conseil, donc : visez avec précision le type de quartier dans lequel vous voulez habiter. Il est évident que plus vous habiterez près du centre, plus les loyers seront chers. A l'inverse, si vous optez pour la banlieue, c'est le tarif de votre carte d'abonnement qui risque de s'enflammer.

Quand vous regarderez les petites annonces, vous remarquerez que le prix du loyer est affiché par semaine (pw : *per week*) ou bien par mois (pm : *per month*). Avant tout, regardez bien si votre contrat est en bonne et due forme, si la durée du préavis est bien notée dans votre contrat, la taxe d'habitation incluse ou pas, etc. Si, d'aventure, vous découvrez, après quelque temps, de sérieux problèmes d'hygiène, référez-en à l'*Environmental Department*, l'un des services de la mairie qui viendra prendre les mesures adéquates. Enfin, en matière d'assurance, si vous louez un logement meublé, le propriétaire prend en charge à la fois le contenu de l'appartement et le bâtiment… mais vos biens ou effets personnels ne seront pas assurés dans ce cas de figure.

▶ Contacts

• Thames Water Utilities – PO Box 286 – Swindon SN38 2RA.
Tél. : 0845 9200 888. Internet : www.thameswater.co.uk
• EDF Energy – 40, Grosvenor Place Victoria – London SW1X 7EN.
Tél. : 0800 096 2270. Internet : www.edfenergy.com
E-mail : info@edfenergy.com
• British Gas Plc – House Contact Centre – PO Box 50 – Leeds LS1 1LE.
Tél. : 0845 600 5122. Fax : 0845 604 0304.
Internet : www.house.co.uk

Différents supports pourront vous apporter de l'aide dans votre recherche d'appartement, et notamment *Loot* (littéralement : « piller »), qui paraît quotidiennement et dont les offres sont aussi sur Internet (www.loot.com).

Autre solution pour les habitants de Londres : se rendre au centre Charles Péguy, une association française, dont l'objectif est d'aider les jeunes Français à l'insertion dans la capitale britannique (*jobs* compris). Les mensuels *Ici Londres* (www.icilondres.com) et *Bonjour London*, disponibles dans de nombreuses boutiques du quartier français (*South Kensington*), sont des publications entièrement rédigées en français. Elles se composent essentiellement d'annonces (logements, *jobs*/emplois). Le site www.visitlondon.com propose également des annonces logement.

▶ **Contact**
Centre Charles Péguy – 2nd Floor Devonshire House – 164-168, Westminster Bridge Road – London SE1 7RW.
Tél. : + 44 (0)207 960 2614. Fax : 020 7960 2619.
Internet : http://centrecharlespeguy.wordpress.com
E-mail : info@centrecharlespeguy.co.uk
Horaires : mardi, mercredi, vendredi : 10 h-16 h et lundi, jeudi : 14 h-17 h. Joignable par téléphone du lundi au vendredi de 9 h à 18 h. Métro : Lamberth North. Participation annuelle de 50 livres.

L'option du flatsharing

Le niveau très élevé des loyers à Londres laisse envisager l'option du partage d'appartement comme une possibilité économique. D'autant que pour les étudiants, les résidences universitaires affichent très souvent complet si l'on ne s'y prend pas résolument à l'avance. Le prix des chambres y est très variable selon les résidences universitaires – situation géographique ainsi que chambre simple ou double étant des critères importants.

Le coût des études

Contrairement aux universités françaises, les établissements d'enseignement supérieur britanniques sont très chers. Selon le ministère de l'Education, les frais de scolarité dans les universités britanniques sont élevés, mais variables. Ils dépendent de la ville, de l'université, de la formation suivie... En Angleterre, au pays de Galles et en Irlande du Nord, ils peuvent s'élever entre 4 000 et 21 000 livres par an (soit entre 4 460 et 23 400 euros). Mais il faut garder en mémoire que les frais varient d'un établissement à l'autre, du niveau et du type de cours. Il est préférable de vérifier directement auprès de l'université dans laquelle vous souhaitez postuler. Pour cela, vous pouvez vous rendre sur le site de l'UCAS (www.ucas.com) ou sur celui du British Council (www.britishcouncil.org).
Les universités anglaises publient chaque année une étude concernant les frais de scolarité. Pour de plus amples renseignements, se rendre sur les sites des institutions. Bien évidemment, à ces frais purement scolaires s'ajoute aussi le coût de la vie en lui-même. Des estimations provenant de la MFE évoquent un coût moyen s'élevant à près de 2 000 livres par mois, soit environ 2 500 euros par mois. Cela varie naturellement en fonction des villes, Londres, Oxford ou Cambridge étant parmi les plus chères.

▶ **Pour en savoir plus** : UK Council for International Student Affairs (UKCISA), www.ukcisa.org.uk et Universities UK, www.universitiesuk.ac.uk

LES BOURSES ENTENTE CORDIALE

La concurrence pour ces bourses est intense et les candidats sélectionnés sont d'un niveau académique très élevé (le plus souvent dans les 10 % supérieurs de leur promotion). Le comité de sélection cherche non seulement des étudiants au niveau excellent, mais aussi des individus ambitieux qui possèdent une grande ouverture d'esprit. Ces bourses sont destinées aux jeunes personnes visant une carrière de haut niveau.

La bourse est conditionnelle à l'obtention d'une place dans une université. Les bourses s'adressent aux étudiants de toutes les disciplines, dans n'importe quelle université britannique, pour autant qu'il s'agisse d'un cursus de niveau *postgraduate*. La bourse peut financer un programme de Masters sur une période de douze mois maximum, ou une année d'un doctorat (PhD). Il est essentiel de postuler auprès des universités britanniques très à l'avance. Les étudiants ne doivent surtout pas attendre le résultat de leur candidature de bourse avant de contacter les établissements.

La bourse n'est ni renouvelable ni cumulable avec une autre bourse de même nature.

La bourse entente cordiale couvre une année d'études. Elle couvre les frais de scolarité à concurrence de 6 000 livres (6 672 euros) maximum. A cela s'ajoute une somme forfaitaire de 10 000 livres (11 120 euros) maximum couvrant les frais de séjour.

Pour plus de renseignements concernant ce programme, vous pouvez contacter le *British Council*.

▶ Contact : 9, rue de Constantine – 75340 Paris cedex 07. Tél. : 01 49 55 73 00. Internet : www.britishcouncil.fr E-mail : programmes@britshcouncil.fr

Les moyens de transport : l'exemple londonien

Si vous décidez de prendre le métro à Londres pour vous rendre dans votre université, renseignez-vous d'abord pour obtenir une *Student card*, disponible pour tous les étudiants à temps plein. L'intérêt de ces cartes est qu'elles vous permettent d'emprunter le métro aussi bien que le réseau des bus, de jour comme de nuit, à l'intérieur de la zone choisie (la ville de Londres compte six zones), et cela, en vous permettant d'économiser 30 % du prix d'une *travel card* normale.

TARIFS MENSUELS DES TRAVEL CARDS DISPONIBLES AVEC UNE STUDENT LT CARD

- Zones 1 et 2 : 69,20 livres (76,95 euros) ;
- zones 1, 2 et 3 : 81,10 livres (90,18 euros) ;
- zones 1, 2, 3 et 4 : 98,70 livres (109,75 euros) ;
- zones 1, 2, 3, 4 et 5 : 118,30 livres (131,55 euros) ;
- zones 1, 2, 3, 4, 5 et 6 : 127,90 livres (142,22 euros).

Sachez avant toute chose que le métro londonien fait souvent parler de lui… et très rarement en bien. Fréquents retards, arrêts intempestifs entre deux stations sont monnaie courante. Cela dit, les lignes ne sont pas toutes soumises au même régime. C'est ainsi, par exemple, que la *Northern Line* est traditionnellement connue sous le nom de *Misery Line*. A l'inverse, l'extension de la *Jubilee Line* vous projette dans un univers futuriste très séduisant. Mauvaise note également pour la *Circle Line*, en proie à des arrêts plus que réguliers au beau milieu de nulle part…

L'option bus est également à considérer à Londres. Mais, là encore, si vos heures de cours coïncident avec les heures de pointe, évitez de circuler par ce moyen de locomotion.

Enfin, la voiture n'est pas non plus à négliger. Sachez simplement que les parcmètres sont nombreux et extrêmement coûteux : l'heure revient en effet à 2,40 livres. Et ne pas payer cette somme vous coûtera très probablement une amende… Des parkings privés existent. Le *Westminster City Council* possède ainsi 16 parcs de stationnement dans le centre de Londres. N'hésitez pas à vous rendre sur le site des parcs de stationnement du *Westminster City Council* pour plus de détails.

ESTIMATION DU BUDGET MENSUEL MOYEN À LONDRES

(Source : *MFE*)

- Loisir et culture : 313 euros (249 livres)
- Logement, énergie : 283 euros (224 livres)
- Nourriture et boissons non alcoolisées : 263 euros (208 livres)
- Restaurants et hôtels : 203 euros (161 livres)
- Divers biens et services : 193 euros (153 livres)
- Biens et services d'intérieur : 168 euros (133 livres)
- Habillement : 120 euros (95 livres)
- Communication : 65 euros (52 livres)
- Boissons alcoolisées et tabac : 61 euros (49 livres)
- Education : 37 euros (29 livres)
- Santé : 31 euros (25 livres)
- Autres dépenses : 433 euros (344 livres)
- Total : 2 507 euros (1 990 livres)

▶ Pour en savoir plus : le site www.studentcalculator.org.uk permet de calculer son budget annuel pour des études au Royaume-Uni.

3. Etudier en Grande-Bretagne

L'enseignement supérieur britannique

Les diplômes britanniques sont particulièrement réputés, partout dans le monde. Le système scolaire se décompose en plusieurs sections : *Nursery* (école maternelle), *Primary school* (école primaire), *Secondary school* (collège et lycée), et *College* ou *University* (études supérieures). En Grande-Bretagne – comme en France – l'éducation est obligatoire jusqu'à 16 ans. Les jeunes Britanniques ont ensuite le choix de poursuivre ou non leur scolarité. Et s'ils veulent entrer à l'université, ils n'ont d'autre choix que d'obtenir un A ou A/S *levels* (*Advanced levels*), l'équivalent de notre baccalauréat.
Deux années sont alors nécessaires pour décrocher ce diplôme. Plusieurs matières leur sont proposées durant le cursus et notamment des matières scientifiques, littéraires ou encore des sciences humaines. Traditionnellement, les élèves doivent choisir trois matières (parfois deux ou quatre, ce qui arrive aussi) et leurs cours sont composés, un peu à l'image de ce qui se pratique en France, de devoirs corrigés à la maison et d'examens.
La condition d'entrée à l'université passe par l'obtention de 4 ou 5 GCSE (le nom des matières), grâce à une note équivalente ou supérieure à C, le système de notation britannique fonctionnant selon le principe des lettres et non des classements. Pour certaines universités, dont Cambridge ou encore Oxford, les conditions d'entrée passeront par des notes équivalentes à A ou B.

Le first degree

Le système de premier, deuxième ou troisième cycle n'a pas d'équivalent exact dans les universités britanniques. Quand vous entrez dans l'un de ces établissements d'enseignement supérieur, vous en ressortez avec un *first degree*, accessible théoriquement après trois ans d'études, ce qui correspondrait peu ou prou à notre licence. Mais les exceptions existent : certains cours durent quatre ans et les études de médecine ou de dentisterie s'étalent sur cinq années. Dans la plupart des institutions, ces *first degrees* prennent l'appellation de *Bachelor of Arts* (BA) ou encore *Bachelor of Science* (BSc), selon que vous obtenez un diplôme orienté davantage en sciences humaines ou en sciences.

D'autres qualifications existent pour les ingénieurs : il s'agit des *Bachelor degrees in engineering* (Beng) ou encore *Bed* pour les enseignants (*education*).
L'obtention des *degrees* s'accompagne de quatre mentions en tout : *first* (le plus élevé), *upper second, lower second* et *third.*

▶ **Pour en savoir plus** : rendez-vous sur le site www.qaa.ac.uk (*The Quality Assurance Agency for Higher Education*).

Le Dip. HE

Le *Diploma of Higher Education* est un diplôme accessible après deux années d'études et sert habituellement de viatique à l'accession d'un *degree.*

Le BTEC HND

Le *Business and Technical Education Council - Higher National Diploma* est décerné après deux années d'études à temps plein ou encore trois années en alternance études/travail ou à mi-temps.

Le postgraduate education

Les *postgraduate programs* sont les études que vous pouvez suivre après l'obtention d'un *first degree.* Ces programmes d'enseignement couvrent non seulement des *master's degrees* (l'équivalent de la maîtrise française ou du DEA), des *doctorates* (doctorats) ou encore des *higher bachelors degrees.* Les *master's* les plus connus sont les MA (*Master of Arts*), MSc (*Sciences*), MBA (*Business Administration*).

Théoriquement, la durée des études qui mènent aux *masters degrees* ou aux *certificates* est d'une année à plein-temps ou de deux années à mi-temps. En revanche, les années de recherche durent en général deux à trois ans à temps plein et, donc, plus longtemps si on les effectue à mi-temps.

L'ENSEIGNEMENT SUPÉRIEUR BRITANNIQUE EN CHIFFRES

• Il y a en Grande-Bretagne 169 universités et établissements d'enseignement supérieur. Tous, à l'exception des instituts privés, reçoivent des fonds du gouvernement central.
• On compte aujourd'hui 2,25 millions d'étudiants dans les universités britanniques. Elles accueillent environ 300 000 étudiants étrangers, soit 13 % de la population étudiante. Les étudiants issus des pays de l'Union européenne sont environ 90 000.
• L'âge minimal pour entrer à l'université est de 18 ans.
• La plupart des cours durent entre deux et quatre ans, à l'exception des études de médecine et de dentisterie qui, elles, s'étendent sur cinq années.
• 77 % des étudiants sont inscrits en *undergraduate* et 40 % des étudiants le sont à temps partiel.

Comment intégrer une université britannique ?

Le choix d'un court séjour : les programmes européens

C'est décidé : ce sera l'Angleterre, mais pas plus d'une année. Pour tous ceux d'entre vous qui optent pour des solutions d'expatriation à court terme, les programmes européens sauront répondre à vos attentes. Avec le gros avantage de vous guider pas à pas dans vos démarches.

Socrates propose plusieurs actions. Non, ce n'est pas le nom du célèbre philosophe grec qui accouchait les esprits au Vᵉ siècle avant J.-C. Il s'agit d'un programme d'action élaboré par l'Union européenne pour la coopération en matière d'éducation. Autrement dit, il organise, de la maternelle à l'université, des échanges entre les différents élèves européens. Le cas échéant, il dispense également des bourses. Chaque niveau scolaire est pris en charge sous le nom d'un programme particulier. Ainsi, Comenius couvre-t-il l'enseignement scolaire, Erasmus l'enseignement supérieur et Leonardo Da Vinci l'enseignement et la formation professionnelle.

Erasmus

Si vous souhaitez partir pour une durée de trois à douze mois dans un établissement d'enseignement supérieur européen, Erasmus (*European Action Scheme for Mobility University Student*) est probablement ce qu'il vous faut. En treize ans d'existence, ce programme est devenu le *leader* en matière d'exportation d'étudiants. Ainsi, près de 90 % des universités européennes y participent. En tout, environ deux millions d'élèves ont quitté leur faculté d'origine pour l'un des pays de l'Union européenne. Un tel succès s'explique avant tout par la simplification des procédures induites par Erasmus : simplification des recherches, mais aussi encouragement à la mobilité des étudiants. Ce genre de départ se prépare longuement : une année minimum. Mais attention : pour pouvoir vous rendre en Grande-Bretagne comme dans un autre pays européen, il vous faut avoir de bonnes bases en anglais, pas forcément être bilingue, mais avoir au moins un niveau de conversation courante. D'autre part, seuls peuvent tenter l'expérience les étudiants étant au moins en deuxième année d'études supérieures. En général, ce sont les étudiants en dernière année de licence qui ont le plus de chances d'intégrer ces cursus. Côté matières, toutes les disciplines sont concernées mais certaines sont avantagées, et parmi elles le tourisme, le *management*, les LEA (langues étrangères appliquées) et le commerce.

La procédure est simple. Première étape : il faut d'abord que vous vous adressiez au service des relations internationales de votre faculté d'origine pour savoir s'il participe au programme Erasmus. Une fois cette démarche accomplie, la demande est déposée auprès de l'établissement en France qui organise l'échange, et l'étudiant reste rattaché à son établissement d'origine. La sélection se fait sur dossier : niveau en langue, motivation et qualité des études antérieures sont regardés à la loupe.
Autre élément à ne pas négliger : le fait d'être étudiant Erasmus ne signifie pas l'allocation automatique d'une bourse. Du reste, le montant de ces bourses (en moyenne de 100 euros par mois, pour la durée totale du séjour) ne peut pas couvrir la totalité de vos dépenses courantes. D'autant que des retards peuvent subvenir dans le déblocage initial de ces sommes d'argent. En conséquence, pensez à budgéter au préalable votre séjour et, le cas échéant, vous faire aider par vos parents ou encore… faire des économies. Sachez aussi qu'il est impossible de cumuler l'allocation Erasmus avec des soutiens financiers, d'autres programmes communautaires par

exemple. Toutefois, si vous avez droit en France à des bourses et prêts nationaux, vous continuerez à en bénéficier pendant votre séjour à l'étranger.

Une dernière indication utile : l'Union européenne a mis en place l'ECTS, autrement dit, un système européen de transfert des crédits de formation. Une mesure qui sert avant tout à ce que vous puissiez passer des examens dans différents pays et les faire valider dans d'autres. Concrètement, vous êtes censé obtenir 60 crédits lors d'une année académique et les faire valider par un autre établissement membre du réseau. Conséquence : ce crédit peut être capitalisable, soit dans l'établissement d'accueil, soit transféré dans l'établissement d'origine ou encore reporté dans un troisième établissement. De plus en plus d'universités adhèrent à ce système.

▶ **Pour en savoir plus** : vous pouvez consulter le site Internet http://europa.eu/index_fr.htm

Leonardo Da Vinci

Le programme Leonardo Da Vinci vise un public qui souhaite avoir une expérience professionnelle en Europe. Il facilite les échanges entre responsables de formation. Il permet ainsi aux participants de développer compétences et qualifications.

▶ **Contacts**

• Agence Europe-Education-Formation – 25, quai des Chartrons – 33080 Bordeaux cedex. Tél. : 05 56 00 94 00.
Internet : www.europe-education-formation.fr

• UK Socrates-Erasmus Council – British Council – 10, Spring Gardens – London SW1A 2BN. Tél. : 44 020 7389 4910.
Fax : 44 020 7389 4426. Internet : www.britishcouncil.org

Le choix d'un long séjour : obtenir un diplôme anglais

Avant tout, il faut savoir que l'obtention du baccalauréat ne donne pas nécessairement le droit, comme en France, de s'inscrire dans un établissement d'enseignement supérieur. Etant donné que la demande dépasse généralement le nombre de places disponibles, les admissions s'avèrent extrêmement sélectives.
Des équivalences de diplômes sont possibles si vous êtes déjà diplômé de l'enseignement supérieur français :

• pour un Deug, BTS ou DUT, vous intégrerez une 2e ou 3e année de *first degree* ;
• pour une licence, master ou maîtrise, vous pourrez entrer en 3e année de *first degree* ;
• enfin, pour un troisième cycle, vous intégrerez un *Doctor of Philosophy*.
A cela s'ajoute bien évidemment une bonne connaissance de la langue anglaise. Vous devez d'ailleurs joindre à votre dossier d'inscription les résultats d'un test ou d'un examen d'anglais. Il peut s'agir du IELTS ou du TOEFL[1].

Pas de panique. Il n'y a rien de compliqué dans la procédure d'inscription, à condition toutefois de s'y prendre relativement à temps. En effet, les inscriptions dans les universités britanniques doivent arriver au plus tard à la mi-janvier pour la rentrée suivante. Ainsi, pour l'année universitaire 2010, la plupart des inscriptions étaient closes le 15 octobre 2009. Vous devrez passer par un organisme centralisateur : l'UCAS.

L'*UCAS*

L'*Universities & Colleges Admissions Service for the UK* sera l'un de vos interlocuteurs privilégiés durant toute cette procédure. C'est en effet par cet établissement agréé par le gouvernement britannique que passent toutes les inscriptions dans les établissements d'enseignement supérieur. Une procédure valable aussi bien pour les étudiants britanniques que pour les autres. Toutefois, afin de ne pas avoir de mauvaises surprises, il vous est vivement conseillé de vous adresser en premier lieu à la ou les universités choisies afin de recevoir un avis. Après cette première démarche, vous pourrez alors vous adresser à l'UCAS et remplir un formulaire d'inscription. Plusieurs possibilités pour cela : soit commander ce formulaire sur le site de l'UCAS : www.ucas.ac.uk (e-mail : enquiries@ucas.ac.uk), soit se rendre dans les *British Councils* ou établissements britanniques en France qui disposent de ce genre d'informations. Le cas échéant, vous pouvez vous adresser à ces institutions par courrier.
Lorsque vous recevez votre dossier de candidature, vous devez également faire remplir par une personne de votre connaissance (un parent, un ami proche, un enseignant) une lettre de recommanda-

1. Voir p. 44.

tion (en anglais : *a reference letter*). Cette lettre doit être un résumé fidèle de ce qu'a été votre parcours scolaire, de vos aptitudes et, éventuellement, des raisons qui ont provoqué quelques interruptions dans votre enseignement. La personne chargée d'écrire cette lettre doit également se prononcer sur vos capacités à embrasser le cursus choisi. Bref, établir un véritable portrait-robot de votre personnalité !

▶ Contact

Customer Service Unit – UCAS – PO Box 28 – Cheltenham GL52 3LZ. Tél. : 0044 871 468 0468.

Les impératifs linguistiques

Avant de vous lancer dans votre recherche d'universités britanniques, sachez que chacune d'elles requiert un bon niveau linguistique en anglais. Un impératif qui passera forcément par l'obtention d'un test : au choix – et selon les universités – le IELTS (*International English Language Testing Service*) ou encore le TOEFL américain. Vous passerez ces tests en France ou en Grande-Bretagne indifféremment. Sachez simplement que certaines universités anglaises organisent des sessions linguistiques intensives durant l'été. Une possibilité comme une autre pour se mettre à niveau.

Le IELTS

C'est un test de niveau dont les notes s'étalent de 1 à 9. Il a été conçu par l'université de Cambridge afin de fixer un niveau général de langue pour les non-anglophones à l'entrée des universités. Vous n'êtes aucunement obligé de suivre des cours pour passer cet examen. Toutefois, sachez que des centres existent, aussi bien en France qu'en Grande-Bretagne, et proposent ce genre d'enseignement.

Le test se compose de quatre matières obligatoires : un test de compréhension orale (*listening*, 30 minutes), une épreuve de compréhension écrite (*reading*, 1 heure), une épreuve de composition (1 heure), et une épreuve d'expression orale (10 à 15 minutes).

Vous serez noté sur une échelle de 1 à 9 et recevrez le détail de chacun des examens passés, assorti d'une note globale. Voici à quoi correspondent ces différentes notes :

9) *Expert user* : totale maîtrise de la langue anglaise. Niveau proche du bilinguisme.
8) *Very good user* : très bonne maîtrise du langage avec, néanmoins, quelques erreurs occasionnelles.
7) *Good user* : bonne maîtrise opérationnelle du langage. Quelques incompréhensions et erreurs dans des situations peu familières.
6) *Competent user* : de manière générale, une maîtrise efficace du langage, en dépit de quelques approximations. Peut toutefois utiliser l'anglais dans des situations quotidiennes.
5) *Modest user* : maîtrise incomplète de la langue. Capacité à se débrouiller dans beaucoup de situations, bien que susceptible de faire des erreurs.
4) *Limited user* : comme son nom l'indique, le candidat ne dispose que de très peu de compétences à manier la langue de Shakespeare. Il n'est pas capable d'utiliser cette langue dans des situations qui dépassent le cadre familier.
3) *Extremely limited user* : la communication n'est possible que dans des situations simples. Nombreuses erreurs.
2) *Intermittent user* : pas de communication possible. Le candidat n'est capable d'utiliser que des formules toutes faites ou des mots isolés. Pas de réelles constructions de phrases. A de réelles difficultés à comprendre et à parler l'anglais.
1) *Non user* : est incapable de parler anglais, hormis quelques mots isolés.
0) N'a pas passé le test.

Où passer ce test ? En France, le *British Council*, à Paris, organise des sessions pour passer l'IELTS. Elles ont lieu deux fois par mois. Des sessions mensuelles sont également organisées à Bordeaux, Lyon et Nantes. Le prix de l'inscription au test est de 175 euros. Sachez aussi qu'il existe des ouvrages accompagnés de cassettes aidant à la préparation de l'IELTS. Vous pouvez les commander au sein de ces deux établissements.

▶ **Pour en savoir plus** : IELTS Administrator – The British Council – 9, rue de Constantine – 75340 Paris cedex 07. Tél. : 01 49 55 73 00. Internet : www.britishcouncil.org E-mail : exams@britshcouncil.fr

Le TOEFL

Utilisé principalement par les universités américaines et canadiennes, le TOEFL (*Test of English as a Foreign Language*) est également accepté par les universités britanniques comme test d'entrée. Vous avez le choix de passer cet examen sous sa forme traditionnelle ou encore sous forme informatique. A titre d'information, quand il est sur papier, le test est composé de trois grandes sections. Vous avez d'abord un test de compréhension orale pour lequel on vous demandera d'écouter une bande sonore et de répondre ensuite à des questions présentées sous la forme de QCM. La deuxième épreuve est une épreuve de structure et d'expression écrite. Concrètement, il s'agit de répondre – là encore sous forme de QCM – à des questions de vocabulaire et de grammaire. Une deuxième partie de l'exercice consiste à corriger des erreurs glissées dans des phrases. Enfin, la troisième section du test consiste en une compréhension de texte.
Si vous décidez de passer le test sous forme informatique, vous serez alors amené à passer quatre épreuves : compréhension et structure, compréhension de texte et rédaction. Des instructions vous seront données afin de faciliter votre apprentissage informatique.
Sachez qu'il existe différents centres de passage en France, notamment à Bordeaux, Lyon, Marseille, Paris, Rennes et Toulouse.

▶ **Pour en savoir plus** : www.toefl.org

PORTRAIT DES ÉTUDIANTS EUROPÉENS EN GRANDE-BRETAGNE

En 2008 le Royaume-Uni a accueilli environ 390 000 étudiants étrangers. Le pays a attiré de nombreux étudiants venant de Chine et d'Inde. La France arrive en 5e position avec 4,4 % des étudiants. Ce sont les études d'économie et de finance qui recrutent le plus, sans distinction de nationalité (avec plus de 98 000 étudiants), suivies des études d'ingénieur (47 610), des sciences sociales (33 445) et des études médicales (30 745).

▶ Pour en savoir plus : www.educationuk.org ou www.ukcosa.org.uk

Les universités britanniques

L'accueil

Sachez que les universités britanniques se font un honneur de vous accueillir de la meilleure manière qui soit. Aussitôt arrivé sur le campus, vous avez toutes les chances d'être pris en charge par le *staff* de l'établissement. Pour exemple, l'université de Bath a offert pour sa dernière rentrée universitaire, par le biais de son bureau international, un guide d'orientation à tous ses nouveaux étudiants étrangers, mais aussi un guide de survie destiné à vous donner toutes les informations relatives à la ville de Bath. Des mini-réceptions sont également organisées pour vous accueillir et une semaine entière est consacrée à votre initiation à la vie anglaise ainsi qu'aux programmes d'études. Un programme « mentor » existe même (« Amity ») : il consiste à rapprocher un étudiant étranger d'un étudiant britannique afin qu'il soit guidé durant ses premières semaines à l'université.
De manière générale, les sites web des universités vous seront aussi d'un grand secours. Ils disposent d'un nombre d'informations importantes sur les programmes offerts, mais aussi sur la ville de vos études. N'hésitez pas à les consulter abondamment.

Les matières

Vous n'aurez que l'embarras du choix : environ une quarantaine de matières sont enseignées dans les universités britanniques. De l'économie à la finance en passant par la comptabilité, l'enseignement ou les sciences sociales, nous vous proposons de nous concentrer sur quelques matières en signalant pour chacune d'entre elles les meilleures universités du pays.

Economie

En Grande-Bretagne, la plupart des *degrees* en économie durent trois ans. Durant la première année, les étudiants apprennent les principes économiques de base, ce qui inclut notamment la manière dont les individus ou les sociétés opèrent. Microéconomie comme macroéconomie sont enseignées et des applications pratiques dans certaines industries sont envisagées. Les deuxième et troisième années constituent ensuite des années de spécialisation.

Par exemple, les étudiants peuvent choisir des modules d'économie politique ou d'économie au sein de l'Union européenne, ou encore d'histoire de l'économie internationale pour ne citer que quelques exemples. En dernière année, les étudiants sont censés écrire une mini-thèse sous l'autorité d'un tuteur. On peut noter que certaines universités offrent un enseignement dans une langue étrangère. Dans ce cas très précis, les cours durent quatre ans et non trois. Pour ce qui est des examens, les procédures dépendent essentiellement de l'université dans laquelle vous avez décidé de poursuivre vos études. Théoriquement, les établissements tentent de maintenir un équilibre entre essais, recherche et examens formels.
Parmi les établissements les plus cotés en 2010, on note les universités d'Oxford, Cambridge et Saint-Andrews (Source : *Guardian University Guide*).

Comptabilité et finance

Il est loin le temps où la comptabilité et la finance avaient mauvaise presse parce que considérées comme des matières ennuyeuses à souhait. Aujourd'hui, et cela grâce à d'anciens cabinets comptables devenus multinationales, comme PriceWaterhouseCoopers, Arthur Andersen et Deloitte & Touche, ces matières sont redevenues louables.
Si vous désirez suivre ce genre de formation en Grande-Bretagne, sachez qu'une fois votre *degree* universitaire obtenu en trois ans – quel qu'il soit –, vous serez employé par une société qui se chargera de vous envoyer en cours de formation complémentaire afin que vous passiez d'autres examens de professionnalisation. Les premiers *degrees* passés se concentrent généralement sur des matières fondamentales et nécessaires aux bases des comptables : économie, statistiques et droit. Les examens complémentaires servent essentiellement à approfondir les techniques de comptabilité et de finance. A noter cependant que certains *degrees* en comptabilité peuvent se suffire à eux-mêmes. Il s'agit de diplômes reconnus par l'un des trois organismes professionnels suivants : *the Institute of Chartered Accountants in England and Wales* (ICAEW), *the Association of Chartered Certified Accountants* (ACCA), *the Chartered Institute of Management Accountants* (CIMA).

En 2010, concernant les enseignements en finance et comptabilité, le *Sunday Times University Guide* reconnaissait les centres suivants comme les meilleurs : Bath, Exeter, Strathclyde, Loughborough,

London School of Economics, Warwick, Glasgow, City, Nottingham et Manchester.

▶ **Pour en savoir plus** :

London Region – ICAEW – Chartered Accountants' Hall – PO Box 433 – Moorgate Place – London EC2P 2BJ. Tél. + 44 (0) 20 7920 8682. Fax : + 44 (0) 20 7920 8648. Internet : www.icaew.com. E-mail : london@icaew.com

• The Association of Chartered Certified Accountants (ACCA) – AccA UK – 29, Lincoln's Inn Fields – London WC2A 3EE.
Tél. : + 44 (0) 20 7059 5000. Fax : + 44 (0) 20 7059 5050.
Internet : www.acca.org.uk. E-mail : info@accaglobal.com

• The Chartered Institute of Management Accountants (CIMA) – 26, Chapter Street – London SW1P 4NP. Tél. : 020 8849 2251.
Internet : www.cimaglobal.com.
E-mail : cima.contact@cimaglobal.com

Art, *design* et histoire de l'art

Au niveau européen, sinon international, la Grande-Bretagne est sans doute l'un des pays les plus appréciés, du point de vue de sa grande production artistique dans des domaines très variés. Ainsi, dans la mode, des noms comme celui de John Galliano sont désormais reconnus sur la scène internationale. Même chose pour Damien Hirst ou Marcus Harvey, réputés aujourd'hui comme des artistes dérangeants. Et les formations menant à ces métiers sont pléthoriques.

Très brièvement, si vous avez l'intention de suivre des cours en peinture, imprimerie, photographie ou encore en réalisation, sachez que l'initiation passera avant tout par l'apprentissage d'approches et de techniques propres à vous encourager à utiliser vos talents et ainsi développer un style personnel. A mesure que l'année universitaire progressera, vous continuerez à étudier l'art de manière académique, avec une attention soutenue à l'histoire de l'art et au *design*. Cela culminera avec une dissertation ou une thèse sur un sujet que vous aurez préalablement choisi. Enfin, votre dernière année portera sur des travaux dirigés réalisés la plupart du temps dans des studios.

Si l'histoire de l'art vous passionne, attendez-vous à un apprentissage pratique et historique : autrement dit, on vous expliquera non seulement le contenu de la discipline mais aussi comment elle a évolué à travers les âges.

ÉVALUATION DES ENSEIGNEMENTS EN ART ET *DESIGN*

Classement	Institution	Classement	Institution
1	UCL	16	Glamorgan
2	Oxford	16	Glasgow School of Art
3	Brunel	18	Plymouth
4	Edimburgh	19	Brighton
5	Newcastle	20	Robert Gordon
6	Loughborough	21	Kingston
7	Edinburgh Napier	22	Nottingham Trent
8	Glasgow	23	Birmingham City
9	Goldsmiths	24	Leeds
10	Lancaster	24	Staffordshire
10	Writtle College	26	Southampton
12	Dundee	27	Edinburgh College of Art
13	Heriot-Watt	28	University of the Arts, London
14	Kent	29	UWE Bristol
15	Northumbria	30	Reading

(**Source** : *University Guide*, Guardian, 2010)

ÉVALUATION DES ENSEIGNEMENTS EN ART ET HISTOIRE DE L'ART

Classement	Institution	Classement	Institution
1	Oxford	15	Bristol
2	Cambridge	16	Royal Holloway
3	Courtauld Institute	17	UEA
4	King's College London	18	Leeds
5	St Andrews	19	Birmingham
6	UCL	19	Liverpool
7	Warwick	21	Sheffield
8	Durham	22	Aberdeen
9	London School of Economics	23	Manchester
10	Edinburgh	24	Dundee
11	Glasgow	25	Lancaster
12	SOAS	26	Kent
13	Exeter	27	Chichester
14	York	28	Oxford Brookes

(**Source** : *University Guide*, Guardian, 2010)

Biologie et sciences biologiques

ÉVALUATION DES ENSEIGNEMENTS EN BIOSCIENCES

Classement	Institution	Classement	Institution
1	Cambridge	15	Warwick
2	York	16	Bath
3	Oxford	17	Newcastle
4	Leicester	18	UEA
5	St Andrews	19	Exeter
6	Imperial College	19	Loughborough
7	Sussex	21	Ulster
8	Bristol	22	Durham
9	Edinburgh	23	Reading
10	Surrey	24	Keele
11	Sheffield	25	UCL
12	Aston	26	Portsmouth
13	Manchester	27	Queen Margaret
14	Nottingham Trent	28	Aberdeen

(**Source** : *University Guide*, Guardian, 2010)

Les principales universités en bref

Le classement du Times

Chaque année, le quotidien britannique *The Times* organise un classement des meilleures universités britanniques selon des critères qui vont de la qualité des enseignements à la qualité des chercheurs en passant par le matériel informatique, les locaux, etc. D'autres journaux proposent également un classement des établis-

sements universitaires, comme par exemple, le *Guardian* ou encore *Newsweek* qui répertorie les meilleures institutions à travers le monde. Les résultats peuvent sensiblement varier d'un média à un autre, en fonction des critères retenus.
Voici ceux du dernier classement du *Times*, suivis du détail des informations concernant les 20 premières (certaines sont classées *ex aequo*) :

Top 100 des universités britanniques selon le classement 2010 du *Times* :
1) Oxford ;
2) Cambridge ;
3) Imperial College ;
4) St Andrews ;
5) University College London ;
6) Warwick ;
7) London School of Economics ;
8) Durham ;
9) Exeter ;
10) Bristol ;
11) York ;
12) King's College London ;
13) Bath ;
14) Edinburgh ;
15) Leicester ;
15) Southampton ;
17) Loughborough ;
18) Sheffield ;
19) Glasgow ;
20) Nottingham ;
21) Newcastle ;
22) Birmingham ;
23) Lancaster ;
24) Manchester ;
25) Aston ;
26) Cardiff ;
27) Leeds ;
28) Liverpool ;
28) East Anglia ;
30) Royal Holloway ;
31) Reading ;
32) Queen's, Belfast ;

33) Aberdeen ;
33) School of Oriental and African Studies ;
35) Sussex ;
36) Queen Mary London ;
37) Surrey ;
37) Strathclyde ;
39) Kent ;
40) Heriot-Watt ;
41) Dundee ;
42) Keele ;
43) Essex ;
44) Hull ;
45) Goldsmiths College ;
46) Aberystwyth ;
47) Brunel ;
48) Stirling ;
49) City ;
50) Swansea ;
51) Robert Gordon ;
52) Oxford Brookes ;
53) Bradford ;
54) Ulster ;
55) Bangor ;
56) Portsmouth ;
57) Nottingham Trent ;
58) Bournemouth ;
59) Chichester ;
60) Glasgow Caledonian ;
61) Queen Margaret Edinburgh ;
62) West of England ;
63) Plymouth ;
64) Northumbria ;
65) Edinburgh Napier ;
66) Hertfordshire ;
67) De Montfort ;
68) Gloucesteshire ;
69) Sheffield Hallam ;
70) Brighton ;
71) Coventry ;
71) Bedfordshire ;
73) Winchester ;
74) Staffordshire ;
74) Bath Spa ;

76) UWIC Cardiff ;
77) Birmingham City ;
78) Central Lancashire ;
79) Lampeter ;
80) York St Jean ;
81) Worcester ;
81) Teesside ;
83) Cumbria ;
84) Salford ;
84) Sunderland ;
86) Lincoln ;
87) Huddersfiekd ;
88) Edge Hill ;
89) Kingston ;
90) Manchester Metropolitan ;
91) Chester ;
92) Roehampton ;
92) Northampton ;
94) Glamorgan ;
95) Abertay ;
96) University of the Arts London ;
97) Glyndwr ;
98) Canterbury Christ Church ;
99) Liverpool John Moores ;
100) Westminster.

▶ **Pour en savoir plus** : vous pouvez consulter ces deux ouvrages :
- *« The Times ». Good University Guide 2010*, John O'Leary.
- *The Virgin Guide to British Universities*, Piers Dudgeon editor.

Les vingt premières universités

University of Oxford

Numéro un du classement cette année, Oxford compte parmi les meilleures universités au monde. Une grande partie des étudiants viennent d'écoles d'Etat. L'une des grandes forces de cet établissement datant de 1096 est son degré d'excellence dans un vaste panel de domaines dont les arts, sciences de la vie, biomédecine sciences sociales, sciences naturelles, etc. Très ouverte aux étudiants étrangers (ils forment environ 1/3 de l'ensemble) l'université d'Oxford compte près de 20 000 étudiants – répartis dans les 38 collèges de l'établissement. 53 % des étudiants *undergraduate* sont inscrits en sciences humaines et sociales et 44 % dans le secteur médical, mathématique, physique et sciences de la vie (*life sciences*). Six mois après avoir obtenu leur diplôme en 2008, 90 % des étudiants ont trouvé un emploi ou ont poursuivi leurs études.

▶ **Contact**
University of Oxford – Wellington Square – Oxford OX1 2JD. Tél. : + 44 1865 270 000. Fax : + 44 1865 270 708.
Internet : www.ox.ac.uk
E-mail : undergraduate.admissions@admin.ox.ac.uk

University of Cambridge

Au coude à coude avec Oxford, l'université de Cambridge brille particulièrement dans les domaines scientifiques (mathématiques, physiques, chimie notamment). Mais d'autres matières telles que les arts et les sciences sociales commencent également à faire parler d'elles. La proportion d'étudiants des *state schools* admis pour l'année 2007-2008 constitue la grande majorité : 59 %. Certes, les catégories sociales les moins favorisées y restent sous-représentées, même si cette tendance est amenée à se réduire au fil des années. Un partenariat a également été mis en place avec le *Massachusetts Institute of Technology* et Cambridge a été choisie pour avoir un *Academic Health Science Centre* dans le domaine du biomédical. Contrairement à ce que l'on pourrait croire, Cambridge semble jouir d'une très bonne ambiance : concerts, expositions, activités sportives…

▶ **Contact**
University of Cambridge – Kellet Lodge – Tennis Court Road – Cambridge CB2 1QJ. Tél. : 01223 333308. Internet : www.cam.ac.uk
E-mail : admissions@cam.ac.uk

Imperial College

Un véritable *must* en matière de médecine, ingénierie, et sciences ! L'*Imperial College* conserve sa troisième place dans le prestigieux classement des universités britanniques. C'est dire la réputation acquise par cet établissement créé en 1907 à Londres. Près de 40 % des *undergraduates* viennent d'*independent schools*. Seul petit inconvénient – surtout pour les garçons –, les femmes sont très faiblement représentées, même si leur nombre n'a cessé d'augmenter pour atteindre aujourd'hui environ 1/3, l'effectif total étant d'environ 13 000 étudiants (*full time*).

▶ Contact

Imperial College of Science Technology – Exhibition Road – South Kensington – London SW7 2AZ. Tél. : 020 7589 5111.
Internet : www3.imperial.ac.uk E-mail : admissions@imperial.ac.uk

University of St Andrews

Célèbre pour son terrain de golf, la ville de St Andrews est également un centre universitaire de bonne qualité qui a souvent été considéré comme une alternative possible à Oxford ou Cambridge. Plus ancienne université écossaise – elle a été fondée en 1413 –, St Andrews a acquis ses lettres de noblesse dans les sciences humaines. L'université possède en effet le département d'histoire médiévale le plus important de Grande-Bretagne. Mais n'allez pas croire par là que les matières scientifiques sont négligées : les sciences physiques sont bien représentées (des lasers très sophistiqués sont mis à la disposition des étudiants) ; de la même manière, la recherche marine portant sur les dauphins et les baleines est désormais facilitée grâce à une extension de l'université au *Gatty Marine Laboratory*. Parmi les 7 200 étudiants que compte cette université, près de 37 % sont étrangers (10,7 % viennent de l'UE et 25,7 % d'autres pays). Plus de 40 % des *undergraduates* arrivent d'écoles dites indépendantes. Très traditionnelle, cette université présente des coutumes qui lui sont propres : par exemple, tous les ans, les étudiants de troisième et quatrième année parrainent un élève de première année afin de lui apporter de l'aide. Non pas au niveau universitaire mais bien plus sur un plan social. Autre coutume en vigueur : six semaines avant la fin du semestre universitaire a lieu ce qu'on appelle le *raisin sunday holiday*, un événement au cours duquel les mères des troisièmes et quatrièmes années organisent des *tea parties*, tandis que les pères organisent de vraies *parties* pour leurs enfants. Seul point négatif de cet établissement : une vie nocturne assez terne… Fêtards s'abstenir.

▶ Contact

University of St Andrews – College Gate – North Street – St Andrews – Fife KY16 9AJ – Scotland. Tél. : 00 44 1334 462150.
Fax : 00 44 1334 463388. Internet : www.st-andrews.ac.uk
E-mail : admissions@Standrews.ac.uk

University College of London

Selon le *Times*, l'*University College of London* fait partie des cinq meilleurs établissements pluridisciplinaires aujourd'hui en Grande-Bretagne. Sa réputation est surtout fondée sur quelques matières telles que les langues modernes, la géographie et les arts. Mais récemment, d'autres corps disciplinaires sont venus renforcer ses rangs. Ainsi ce partenariat est à souligner entre le nouveau centre de recherche médical national et l'UCL. Les nouvelles acquisitions signifient que l'*University College of London* a désormais des antennes situées un peu partout dans Londres, le centre demeurant toutefois sur le site de Bloomsbury. En matière de recherche, certaines disciplines telles que les langues modernes, la pharmacologie et les sciences de l'ingénieur sont parmi les mieux notées au niveau international. Cette université fait également partie de celles qui accueillent le plus d'étudiants étrangers (environ 33 %, dont 10,4 % provenant d'un pays de l'Union européenne), près de 140 pays étant représentés. A noter également que plusieurs départements de cette université offrent aux étudiants de première année – qu'ils soient britanniques ou étrangers – un tutorat leur permettant de s'adapter à leur nouvel environnement.

▶ Contact
University College of London – Gower Street – London WC1E 6BT.
Tél. : 02076 792000. Internet : www.ucl.ac.uk
E-mail : study@ucl.ac.uk

University of Warwick

Tout nouvel établissement (ou presque), l'université de Warwick a été créée en 1964 et a d'ores et déjà acquis une belle réputation auprès des milieux de l'industrie et du commerce, avec lesquels elle garde des liens précieux. Selon Gordon Brown il s'agit de « *one of the great universities, absolutely central to the industrial, scientific and technological future of our country* ». Mais Warwick s'est également distinguée dans d'autres matières, notamment dans l'audiovisuel, dans les langues, et l'agriculture avec l'*Institute of Horticultural Studies*. De plus la recherche prend une place prépondérante. Sur près de 22 000 étudiants, les étudiants étrangers occupent environ 27 % du contingent total.

▶ **Contact**
University of Warwick – Coventry CV4 7AL. Tél. : 00 44 2476 523523.
Internet : www.warwick.ac.uk
E-mail : student.recruitment@admin.warwick.ac.uk

London School of Economics and Political Science

Grand nom parmi les plus grands noms, la *London School of Economics* – fondée en 1894 – a récemment attiré de nombreux professeurs tout droit issus d'Oxford, Cambridge, Yale ou encore d'autres universités de grand renom du monde entier. Les troisièmes cycles constituent la moitié de l'effectif. Et pour cause : l'accent y est surtout porté sur la recherche. Les standards d'entrée sont élevés : ce sont majoritairement des anciens étudiants de Cambridge ou d'Oxford ou de l'*Imperial College London* qui ont le plus de chances d'intégrer un cursus. Ou encore des étudiants issus de grandes écoles ou universités européennes ou mondiales. Car, à en juger par le fort pourcentage d'élèves étrangers (45 % du total), cette école a un véritable cachet international. Ses matières de prédilection vont bien au-delà de ce que l'intitulé de l'école pourrait laisser penser : droit, *management*, histoire, *business*, mais encore politique sociale ou anthropologie, par exemple.

▶ **Contact**
London School of Economics – Houghton Street – London WC2A 2AE.
Tél. : + 44 00 (0)20 7405 7686.
Internet : www.lse.ac.uk E-mail : UG-admissions@lse.ac.uk

University of Durham

Un peu à l'image de Bristol, Durham – située dans le nord-est de l'Angleterre – a longtemps été considérée comme une alternative à Oxbridge. Comme ces deux autres universités, Durham est divisée en collèges – quinze au total. C'est de toute évidence une université au fonctionnement très traditionnel : l'enseignement y est dispensé sous forme de petits groupes et les examens sont le plus souvent des écrits. Il est également possible, en première année, de choisir un ou deux modules en dehors de son département (se renseigner). Ses matières d'excellence sont les suivantes : anthropologie, chimie, anglais, géographie, géologie, histoire, droit et droit social. Le pourcentage d'étudiants étrangers est en augmentation, ils sont aujourd'hui plus de 3 000 sur les 15 000 étudiants que compte l'université.

A noter : la création en 2007 du *Calman Learning Centre* dédié à la science (séminaires entre autres).

▶ **Contact**
University of Durham – Old Shire Hall – Old Elvet – Durham DH1 3HP. Tél. : 00 44 1913 742000. Internet : www.dur.ac.uk

University of Exeter

Exeter fait partie du top 10 dans le classement du *Times*. Elle dispose de trois campus, et, tournée vers l'international, d'un bureau à Dubaï. Elle se distingue notamment dans les sciences. Mais la littérature anglaise, le droit, l'histoire et la psychologie entre autres connaissent un succès considérable. L'un des événements les plus marquants de ces dernières années est la création, en 2002, de la *Peninsula Medical School* (en association avec *Plymouth University* et NHS). Quant à la nouvelle *Peninsula Dental School*, elle a ouvert ses portes en 2007. L'université a récemment décidé d'investir 450 millions de livres pour son campus, dont 25 millions sont consacrés à la *Business School* et 18 millions pour les biosciences. Un partenariat a été mis en place avec des universités du sud-ouest du pays (Bristol et Bath inclus). L'université compte 15 000 étudiants dont 4 000 sont *postgraduates*.

▶ **Contact**
Northcote House – The Queen's Drive – Exeter EX4 4QJ.
Tél. : 01392 263 855. E-mail : ug-ad@exeter.ac.uk
Internet : www.exeter.ac.uk

University of Bristol

Indéniablement une bonne université ! Créée en 1909, l'université de Bristol fait partie de ces *happy few* dont de nombreuses matières enseignées sont considérées comme excellentes.
Citons entre autres le droit, les études de pharmacie et les études d'anglais. Récemment, l'université a été choisie pour accueillir quatre centres afin de former des ingénieurs et des *doctoral scientists*. Alternative appréciée d'Oxford ou Cambridge, l'université de Bristol bénéficie également d'un site tout à fait attractif. Seul gros inconvénient : le coût de la vie y est très élevé…

▶ **Contact**

The University of Bristol – Senate House – Tyndall Avenue – Bristol BS8 1TH. Tél. : 00 44 1179 289000. Fax : 00 44 1179 251424. Internet : www.bristol.ac.uk E-mail : ug-admissions@bristol.ac.uk

University of York

De confection relativement récente (1963), l'université de York se répartit selon huit collèges différents (sans aucune rivalité entre eux) et a choisi de se concentrer sur des enseignements très précis. La médecine a été introduite en 2003 en partenariat avec *Hull University*. Le département *Health sciences* propose un enseignement *nursing* et *midwifery*. *Nursing* a réalisé une belle performance en se classant cette année dans le top 3 du classement de *The Independent*. Une grande majorité des étudiants viennent d'écoles d'Etat. De plus, chaque étudiant dispose d'un superviseur. Particularité de cette université : le *York Award*. Ce programme comprend toute une série de cours, stages et placements afin de développer ses compétences. Les étudiants étrangers couvrent environ 15 % de l'ensemble.

▶ **Contact**

University of York – Heslington – York YO1 5DD.
Tél. : 00 44 1904 430 000. Fax : 00 44 1904 433 433.
Internet : www.york.ac.uk E-mail : admissions@york.ac.uk

King's College London

Il s'agit de l'un des plus anciens et plus gros campus londoniens. Créé en 1829, *King's College London* a récemment été l'objet de nombreux aménagements, avec notamment une plus grande importance accordée aux matières médicales. L'université possède ainsi cinq *Medical Research Council Centres*. King's est composé de neuf écoles (arts et humanités, biomédical et sciences médicales, institut dentaire, droit, médecine, école d'infirmerie et *Midwifery*, ingénierie, institut de psychiatrie, sciences sociales et politique publique). Les études dans le domaine de la santé y connaissent une grande renommée et sont très bien cotées. D'autres domaines ont également très bonne réputation, entre autres le droit, la philosophie et les études de portugais. L'une des particularités de cette université est l'accent mis sur de petits groupes lors des cours.

Remarquez également la mise en place, unique en son genre, d'un département consacré à l'étude de la guerre englobant entre autres les guerres civiles, les guerres conventionnelles, etc. (*Department of War Studies*). A noter également que tous les étudiants sont entourés par un tuteur qui les aide tout au long de leur vie sociale. 23 000 étudiants sont inscrits à *King's College London*.

▶ **Contact**
King's College London – Strand London WC2R 2LS.
Tél. : 00 44 2078 365 454. Internet : www.kcl.ac.uk

University of Bath

Créée en 1894, l'université de Bath fait de la recherche l'un des attraits majeurs de son établissement. L'université s'est forgée une solide réputation dans les domaines des sciences, de l'ingénierie et du sport. 60 % des étudiants *undergraduate* effectuent une année dans un placement industriel ou en commerce. Différentes matières ont recueilli des scores très honorables, notamment en politique sociale, *business* et *management*, *computer science*, informatique, pharmacologie, ingénierie, ou encore les biosciences. On signale la présence de 25 % d'étrangers. A noter : la bibliothèque est ouverte 24h/24 et 7j/7.

▶ **Contact**
University of Bath – Claverton Down – Bath BA2 7AY.
Tél. : 00 44 1225 388 388. Internet : www.bath.ac.uk

University of Edinburgh

Première université en Ecosse et numéro 14 dans le classement du *Times*, l'*University of Edinburgh* s'est remise de la situation financière difficile dans laquelle elle était plongée au début des années quatre-vingt-dix (impossibilité d'embaucher du personnel supplémentaire avec près de huit millions d'euros de déficit). L'université a exercé un grand attrait sur les postulants des classes moyennes et des écoles indépendantes. Ces derniers constituent 1/3 du contingent. Parmi ses domaines d'excellence, citons notamment les sciences biomédicales : le *College of Medicine and Veterinary Medicine* dispose ainsi d'une notoriété internationale. La *Royal (Dick) School of Veterinary Studies* est également *leader* en ce qui concerne les études de vétérinaires au Royaume-Uni. Mais l'informatique, la linguistique et la littérature anglaise se sont également affirmées.

Cette université se signale aussi par sa grande participation aux échanges d'étudiants, dans plus de 40 pays et avec près de 130 institutions. Très ouverte vers l'étranger, elle accueille environ 25 % d'étudiants étrangers. Choyés, ces derniers bénéficient d'un programme d'orientation juste avant le début du semestre, et un bureau international les aide dans l'accomplissement de leurs démarches quotidiennes.

▶ Contact

University of Edinburgh – Old College – South Bridge – Edinburgh EH8 9YL. Tél. : 00 44 1316 504 296. Internet : www.ed.ac.uk
E-mail : enquiries.international@ed.ac.uk

University of Leicester

L'université de Leicester (*East Midlands*) a été fondée en 1921. Ses 23 000 étudiants se répartissent dans les cinq facultés qui la composent. Environ 90 % des étudiants sont issus d'écoles d'Etat. Parmi les matières qui ont fait parler d'elles, les médias et la géographie, qui ont obtenu de bons scores. Le département des *Museum Studies* connaît également une grande renommée en terme de recherche. L'université est composée de plus de 15 % d'étudiants étrangers. Les étudiants semblent particulièrement épanouis : en 2009, 91 % des étudiants inscrits à temps plein étaient satisfaits de leur programme.

▶ Contact

University of Leicester – University Road – Leicester LE1 7RH.
Tél. : 00 44 0116 252 2522. Fax : 00 44 0116 252 2200.
Internet : www.le.ac.uk E-mail : international.office@le.ac.uk

University of Southampton

Ex aequo cette année avec l'université de Leicester dans le classement général du *Times*, Southampton est située sur la côte sud de la Grande-Bretagne, dans la ville de Southampton. Si l'on tient uniquement compte de la recherche, elle est régulièrement classée parmi les meilleures institutions britanniques. Elle se compose de trois facultés englobant une vingtaine d'écoles : la faculté de sciences, mathématiques et technologie (chimie, électronique, informatique, mathématiques, physique, océanographie…) ; la faculté de droit, arts et sciences sociales (*management*, droit, sociologie, archéologie, histoire, musicologie…) et la faculté de médecine et sciences de la vie (médecine, biologie, psychologie…). Sur les 22 000 étudiants qu'elle compte, 4 800 sont étrangers et représentent plus d'une centaine de nationalités.

▶ **Contact**

University of Southampton – University Road – Southampton SO 17 1BJ. Tél. : 00 44 023 8059 5000. Fax : 00 44 023 8059 3131. Internet : www.soton.ac.uk

Loughborough University

Il y a encore peu, la réputation de *Loughborough University* se faisait uniquement sur les sujets technologiques. Ce n'est plus le cas : cette université ne cesse de gravir les échelons de l'excellence en se maintenant dans le top 20 du classement du *Times*. Ainsi, elle a été désignée « université de l'année 2008 » par le *Sunday Times. Elle* possède des armes dans les domaines de l'art et du *design*, de l'architecture et des sciences. De manière générale, cette institution tente de redonner une nouvelle force aux domaines scientifiques, et en particulier à l'aéronautique et aux sciences de l'automobile. Avec plus de 2 800 élèves, le secteur de l'ingénierie y est important. Fondée en 1909, cette université accueille environ 10 % d'élèves étrangers.

▶ **Contact**

Loughborough University – Loughborough – Leicestershire LE11 3TU. Tél. : 00 44 1509 263171. Internet : www.lboro.ac.uk

University of Sheffield

Une université qui monte lentement et sûrement les marches du succès. Les matières phares en sont le génie électrique et l'électronique, de même que l'enseignement du russe. Mention tout à fait honorable également pour l'archéologie et la théologie. L'université de Sheffield a à son actif plus de 24 000 étudiants.

▶ **Contact**

University of Sheffield – Western Bank – Sheffield S10 2TN. Tél. : + 44 (0)114 222 2000. Internet : www.sheffield.ac.uk
E-mail : eurec@sheffield.ac.uk

Glasgow University

Fondée en 1451, cette université est la quatrième plus ancienne du Royaume-Uni. Elle compte près de 20 000 étudiants, les sections science et art attirant à elles seules la moitié d'entre eux ; c'est dire leur succès. La faculté d'art, *business* et sciences sociales regroupe quant à elle environ 4 000 étudiants. Avec de nombreuses nationalités représentées, *Glasgow University* est indéniablement tournée vers l'international. L'histoire de l'art ou encore son école vétérinaire font sa renommée. Notons que c'est la première université du pays à se doter d'une école d'ingénierie. L'une des particularités de cet établissement est son « Club 21 » qui offre à ses étudiants des placements professionnels (se renseigner auprès du *Careers Service*).

▶ Contact

Glasow University – University Avenue – Glasgow G12 8QQ. Tél. :+ 44 (0)141 330 2000. Internet : www.gla.ac.uk.
E-mail : international@gla.ac.uk

University of Nottingham

De l'aveu de ses propres administrateurs, Nottingham, créé en 1881, est un établissement à la pointe de la recherche. C'est ainsi qu'en 2003, Sir Peter Mansfield (physicien professeur à Nottingham) a reçu le prix Nobel de physiologie ou médecine pour ses découvertes sur l'IRM (imagerie par résonance magnétique). Le prix fut partagé avec Paul Lauterbur. Des matières telles que la pharmacie, l'espagnol, ou en encore le portugais, la chimie et la physique s'y sont distinguées. Nottingham a des extensions internationales avec des campus en Chine et en Malaisie. Le site de Nottingham enregistre la présence de plus de 32 000 étudiants, dont les 2/3 sont des *undergraduates*. L'université compte plus de 25 % d'étudiants étrangers.

▶ Contact

University Park – Nottingham NG7 2RD. Tél. : +44 (0) 115 951 5151. Fax : +44 (0) 115 951 3666 Internet : www.nottingham.ac.uk.
E-mails : undergraduate-enquiries@nottingham.ac.uk ; international-office@nottingham.ac.uk

4. Travailler en Grande-Bretagne

La Grande-Bretagne a la cote auprès des Français. Mais la crise financière a touché de plein fouet le pays qui vu son chômage augmenter : 7,8 % en septembre 2009 (Source : Ministère des Affaires étrangères et européennes). Elle a également conduit à de nombreuses suppressions d'emploi (même si celles-ci ont ralenti), notamment dans les domaines de l'automobile, de la finance, de la construction, de l'acier, de l'hôtellerie, des TIC, de la construction et de l'immobilier. Ce sont les jeunes de moins de 25 ans qui ont été le plus touchés. La récession, quant à elle, devrait ainsi atteindre 4 % du PIB en 2009 et le déficit public se creuser. La croissance en 2009 était négative (- 5 %).
Beaucoup d'emplois sont précaires. Ce sont souvent des postes à temps partiel et des contrats à durée déterminée.

Grande-Bretagne : quelles opportunités pour les Français ?

Les Français en Grande-Bretagne

Le voisin britannique est un partenaire essentiel de la France dans le cadre des échanges commerciaux et en matière d'investissements. La France est le 3e client et le 5e fournisseur du Royaume-Uni. Les exportations françaises sont constituées de biens intermédiaires, de biens d'équipements, de biens de consommation et de produits énergétiques (72 % du total). Près de 1 900 filiales sont implantées outre-Manche, elles emploient quelque 350 000 salariés (Source : ministère des Affaires étrangères, janvier 2007).
L'effectif des Français en Grande-Bretagne est en augmentation constante. Selon la MFE, 113 127 Français étaient inscrits au registre des Français établis hors de France à la fin 2009. Mais si l'on tient compte des résidents non immatriculés, ce chiffre peut être estimé à près de 250 000. La communauté française est plutôt jeune, la tranche d'âge la plus représentée étant celle des 25-40 ans, et travaille principalement dans le secteur tertiaire. Elle est essentiellement située à Londres et dans sa région puisque 60 % des Français

y résident. Le reste se répartit dans les autres centres urbains du pays : Birmingham, Coventry, Leeds, Manchester, Cambridge, Oxford et dans les régions du Sud-Est de l'Angleterre (Essex, Hampshire, Kent, Surrey).

ASSOCIATION

Les Français en Grande-Bretagne ont leur association. Elle les aide à s'implanter et fournit un tas d'informations pour mieux préparer son séjour outre-Manche et en profiter une fois sur place.

▶ Pour en savoir plus : Les Français de Grande-Bretagne (www.france-gb.com).

Les entreprises françaises, quant à elles, sont également très présentes et ce dans tous les secteurs d'activité.

▶ **Pour en savoir plus** : vous pouvez demander la liste des sociétés françaises implantées en Grande-Bretagne auprès des chambres de commerce et d'industrie. La liste complète des chambres de commerce est disponible sur le portail des chambres de commerce et d'industrie : www.cci.fr ou encore sur le site de l'Assemblée des chambres françaises de commerce et d'industrie : www.acfci.cci.fr
• Chambre de commerce et d'industrie de Paris – 27, avenue de Friedland – 75382 Paris cedex 08. Tél. : 0820 012 112.
Internet : www.ccip.fr
• Chambre de commerce et d'industrie franco-britannique – 31, rue Boissy-d'Anglas – 75008 Paris. Tél. : 01 53 30 81 30.
Fax : 01 53 30 81 35. Internet : www.francobritishchambers.com
E-mail : information@francobritishchamber.com
• Chambre de commerce française à Londres – 21, Darmouth Street – Westminster – Londres SW1H9BP. Tél. : 00 44 207 304 40 40.
Internet : www.ccfgb.co.uk

Les secteurs porteurs

Si vous souhaitez travailler en Grande-Bretagne, il faut savoir dans quels secteurs d'activité vous avez le plus de chances d'être recruté. Certains sont plus porteurs que d'autres, notamment lorsque l'on est français. Encore faut-il qu'ils correspondent à vos compétences et à vos aspirations. Voici les secteurs disposant d'un potentiel :

- hôtellerie et restauration ;
- enseignement ;
- recherche scientifique (chimie, pétrochimie) ;
- commerce ;
- transports ;
- ingénierie ;
- soins de santé ;
- informatique et nouvelles technologies de l'information ;
- finances.

La finance

En Grande-Bretagne, les gouvernements successifs ont misé sur le secteur tertiaire et les services. De fait, c'est dans ce secteur que se crée la majeure partie des emplois. Avec son emblématique *City*, Londres est incontestablement la capitale financière du monde. Il suffit de regarder le classement des vingt plus grandes entreprises britanniques pour se rendre compte qu'une partie d'entre elles sont des banques ou des sociétés d'assurance.

CLASSEMENT DES 20 PLUS GRANDES CORPORATIONS BRITANNIQUES (2009)

Rang	Compagnie	Revenus (millions de livres)	Ville
1	BP	367,053	Londres
2	HSBC Holdings	142,049	Londres
3	Royal Bank of Scotland	113,087	Edinburgh
4	Tesco	94,300	Cheshunt
5	Barclays	75,136	Londres
6	Vodafone	69,138	Newbury
7	HBOS	62,400	Edinburgh
8	Rio Tinto Group	54,264	Londres
9	GlaxoSmithKline	44,654	Brentford
10	Scottish & Southern Energy	42,855	Perth
11	Centrica	39,140	Windsor
12	BT	36,626	Londres
13	Aviva	35,506	Londres
14	Wolseley	33,084	Theale
15	Lloyds Banking Group	32,196	Londres
16	J. Sainsbury	31,876	Londres
17	AstraZeneca	31,601	Londres
18	BAE Systems	30,570	Londres
19	National Grid	26,606	Londres
20	Anglo American	26,311	Londres

(**Source** : *Fortune Global 500*)

▶ **Pour en savoir plus** : pour vous renseigner plus spécifiquement sur ce secteur d'activité, rendez-vous sur les sites spécialisés, tels www.efinancialcareers.fr ou sur celui de la *British Bankers' Association* (www.bba.org.uk) ou encore le site www.cityjobs.com, le spécialiste en ligne du recrutement dans les secteurs de la banque, de la finance, de l'assurance et de la comptabilité.

Voici également une liste des plus grandes banques britanniques :
- Abbey National (www.abbeynational.co.uk)
- Barclays (www.barclays.co.uk)
- Citibank (www.citibank.co.uk)
- Halifax (www.halifax.co.uk)
- HBOS (www.hbosplc.com)
- HSBC (www.hsbc.co.uk)
- Lloyds TSB (www.lloydstsb.com)
- Natwest (www.natweSt.com)
- Royal Bank of Scotland (www.rbs.co.uk)

L'hôtellerie-restauration

En expansion constante, c'est le secteur de prédilection des Français. Reconnus pour leur talent et leur savoir-faire en matière de gastronomie, d'accueil et de savoir-vivre, ils sont donc particulièrement recherchés. L'éventail des offres est très large, tous les profils ont donc leur chance, débutants ou professionnels confirmés, jeunes ou moins jeunes… Quant au niveau d'anglais requis, il dépend du poste occupé : plus vous serez en contact avec la clientèle, plus le niveau demandé sera élevé. Tous les métiers sont concernés : cuisiniers, pâtissiers, sommeliers, serveurs, barmen, femmes de chambres, *managers*, gérants d'hôtel… Et tous les types de structures également : du restaurant typiquement français au pub londonien, en passant par les chaînes de restaurants, les salons de thé ou les magasins spécialisés (vins, fromages…). La *French touch* est particulièrement appréciée.
D'une manière plus globale, le secteur du tourisme offre également des possibilités d'emploi. Pour les camps de vacances, les parcs d'attraction, les musées, les festivals touristiques… le bilinguisme est assurément un atout. Cependant, les conditions sont très variables. Ces entreprises proposent aussi bien des postes de *managers* ou de commerciaux, en CDI, que des emplois saisonniers et précaires comme ceux d'animateurs, de réceptionnistes, de caissiers, de vendeurs, de guides interprètes…

Bon nombre d'annonces passent par les revues et magazines, généralistes ou spécialisés. Parmi eux : *Catering Update* (www.catering-update.co.uk), *Ici Londres* (www.ici-londres.com) ou encore *The Publican* (www.thepublican.com). Les agences d'intérim spécialisées dans la restauration sont nombreuses elles aussi. Vous en trouverez la liste dans les pages jaunes (*yellow pages* : www.yell.com), à la rubrique *Employment agencies*.

Autres pistes

D'autres secteurs d'activité offrent des possibilités de recrutement aux étrangers et aux Français en particulier.

L'enseignement

Pour les établissements scolaires, les universités ou les centres de formation, les demandes sont nombreuses. Le français est certes la première discipline à laquelle on pense. Or, des postes sont également à pourvoir dans les autres matières et notamment en sciences. On vous demandera cependant un bon niveau d'anglais pour pouvoir postuler.

▶ **Pour en savoir plus** : vous pouvez consulter le site du *British Council* (www.educationuk.org) ou encore ce site spécialisé : www.edexcel.org.uk

FONCTION PUBLIQUE

Sachez qu'en Grande-Bretagne, les emplois dans la fonction publique ne sont pas réservés aux seuls Britanniques. N'hésitez donc pas à consulter les offres proposées par ce secteur.

L'informatique et les nouvelles technologies

Malgré la crise, des opportunités d'emploi existent dans ce secteur, que ce soit dans le domaine public ou dans le domaine privé, dans de grandes entreprises ou dans des PME.

De nombreux sites spécialisés référencent les offres d'emploi et fournissent des renseignements utiles, ainsi que des indications sur les tendances et l'actualité dans ce secteur d'activité.

▶ **Pour en savoir plus** : vous pouvez consulter par exemple le site de l'hebdomadaire *Computer Weekly* (www.computer-weekly.com) ou encore le site www.e-skills.com

La recherche d'emploi

Le CV et la lettre de motivation

Toute recherche d'emploi passe par la rédaction des incontournables CV et lettre de motivation. La Grande-Bretagne n'échappe pas à la règle, toutefois ces deux documents diffèrent quelque peu de ceux des Français.

Le CV

Comme en France, il peut comprendre une ou deux pages, en fonction de l'expérience du candidat. Pour un jeune diplômé, une page est généralement suffisante. Privilégiant la chronologie inversée, il comporte différents éléments qui se répartissent en plusieurs rubriques :

• les données personnelles (*personal details*) : prénom et nom, adresse et coordonnées téléphoniques et électroniques. Nul besoin d'indiquer votre âge, votre date de naissance, votre statut marital, ni même de mettre une photo ;

• l'objectif professionnel (*objective* ou *career objective*) : cette information facultative a le mérite de dire clairement quel est justement votre objectif professionnel et quelles sont donc vos attentes ;

• la formation (*education*) : cette rubrique peut se placer avant ou après l'expérience professionnelle, tout dépend du profil du candidat. Un jeune diplômé commencera par la formation, alors qu'une personne plus expérimentée mettra d'abord l'expérience professionnelle. Dans tous les cas, mentionner les diplômes obtenus ne suffit pas. Il convient de les expliquer. Un employeur britannique n'est pas censé connaître le système scolaire français, un bac L ou un BTS MUC (*management* des unités commerciales) ne lui diront pas grand-chose, de même que HEC, Sciences Po ou autres… Donnez les équivalents anglais ou encore précisez le nombre d'années, les matières enseignées, le type d'établissement. Autre point apprécié des Britanniques, les notes, mentions, classement, prix et distinctions. Là aussi, donnez des précisions, surtout si vous avez obtenu de bons résultats pendant vos études. Mentionnez également les formations complémentaires que vous avez pu suivre ;

• l'expérience professionnelle (*work experience* ou *professional experience*) : détaillez votre expérience professionnelle en donnant des indications concrètes, chiffrées, concernant vos réalisations et vos responsabilités (exemple : augmentation du chiffre d'affaires, montant des budgets gérés, nombre de personnes sous votre responsabilité…). Donnez également des précisions sur l'entreprise (secteur d'activité, taille…), si elle n'est pas mondialement connue ;

• les compétences linguistiques et informatiques (*languages and computer skills*) : précisez les langues que vous parlez et le niveau que vous avez. Vous pouvez indiquer *bilingual* pour « bilingue », *fluent* pour « courant », *working knowledge* pour « connaissances professionnelles », *advanced level* pour « niveau avancé », *intermediate level* pour « niveau intermédiaire », *basic* pour « élémentaire », *beginner* pour « débutant ». Indiquez également vos séjours à l'étranger en précisant le pays, la date, la durée et le motif (stage de langues, travail, tourisme…). Pour les compétences informatiques, donnez la liste des logiciels et langages que vous maîtrisez ;

• les loisirs et les activités sociales (*interests and activities* ou *extra profesionnal activities*) : les Britanniques accordent plus d'importance à cette rubrique que les Français, raison de plus pour la soigner. Vos loisirs, notamment le sport, ainsi que vos activités associatives constituent un bon indicateur de votre tempérament (sociable, solitaire, endurant, persévérant…) et de votre ouverture sur les autres. Vous pouvez aussi préciser les responsabilités que vous avez au sein d'une association, si tel est le cas ;

• les références (*referees*) : mettez les références (noms et coordonnées) de deux personnes issues de votre environnement professionnel (supérieurs hiérarchiques, tuteurs) ou universitaire (enseignants) qui attesteront de vos compétences. N'oubliez pas de leur demander leur accord au préalable. Si vous ne souhaitez pas remplir cette rubrique, vous avez toujours la possibilité de signaler que vous êtes en mesure d'apporter ces références ultérieurement avec une formule comme celle-ci : *references available upon request.*

Pour ce qui est du style de rédaction, optez pour un ton dynamique qui se traduit par l'utilisation de verbes d'action et de tournures actives. Enfin, sachez que les Anglo-Saxons privilégient le « faire » sur l'« être ».

DIPLÔMES ÉQUIVALENTS

Baccalauréat	*A levels*
Deug/ Deust/ DUT	*Two-year university degree*
BTS	*Two-year technical degree*
Licence	*Bachelor degree*
Maîtrise	*Masters degree*
Master (anciens DEA/DESS)	*Postgraduate diploma*
Doctorat	*PhD*

LES MENTIONS

Mention assez bien	*Fair*
Mention bien	*Good*
Mention très bien	*Very good*

La lettre de motivation

La lettre de motivation (*cover letter*) est dactylographiée et doit tenir en une page. Il est toujours préférable de personnaliser son courrier et donc de l'envoyer à quelqu'un en particulier. Vous utiliserez dans ce cas les formules d'usage : « *Dear Mr Smith* » ou « *Dear Ms Johnson* » par exemple. Si vous n'avez pas le nom de la personne responsable du recrutement, adressez-vous alors au *Human Resources Manager* ou *Recruitment Manager* dans une grande entreprise, ou au *Chief Executive Officer* ou *President* dans une petite ou moyenne entreprise. Il convient alors d'employer des formules telles que « *Dear Sir* » pour un homme et « *Dear Madam* » pour une femme ou encore « *Dear Sir or Madam* ».
Comme en France, la lettre de motivation accompagne le CV. Loin d'en paraphraser les informations, elle met plutôt en lumière vos motivations et vos qualifications pour le poste. Trois points fondamentaux doivent être abordés dans votre courrier ; ils font l'objet de trois paragraphes distincts :

• vos motivations pour le poste : après vous être brièvement présenté, dites pourquoi vous envoyez votre candidature, quel est votre intérêt pour le poste et pour l'entreprise. Si vous répondez à une annonce, n'oubliez pas d'en préciser les références ;
• vos qualifications : quelles sont vos compétences et aptitudes particulières pour remplir au mieux la fonction visée. Il ne s'agit pas d'en faire la liste exhaustive mais plutôt de choisir les plus adaptées au poste et de montrer en quoi elles font que vous correspondez pleinement au profil requis. Pour cela, il faut savoir quels sont les attentes et besoins précis de l'entreprise, et le faire savoir au recruteur. Cela demande donc un minimum de recherche d'informations de votre part. Enfin, précisez également en quoi vous vous distinguez, quels critères vous rendent plus apte qu'un autre pour occuper ce poste. Pour les jeunes diplômés avec peu ou pas d'expérience professionnelle, cette partie devra dans ce cas davantage être axée sur les qualités personnelles et sur la capacité à s'adapter, l'envie d'apprendre et la volonté de progresser ;
• la rencontre : terminez votre courrier en indiquant que vous êtes disposé à développer tous ces éléments au cours d'un entretien. Vous pouvez également annoncer que vous allez prendre contact avec votre interlocuteur prochainement. Cette prise d'initiative est plutôt bien perçue par les Anglo-Saxons. Pour finir, utilisez les formules de politesse d'usage. Elles sont plutôt courtes en anglais. Les plus classiques sont : « *Yours sincerely* » ou « *Yours faithfully* », tout simplement !

Après avoir rédigé votre texte, vérifiez bien l'orthographe, la grammaire et la ponctuation. Les logiciels informatiques proposent des correcteurs en langues étrangères, utilisez-les. Toutefois, si vous en avez la possibilité, faites-vous également relire par quelqu'un maîtrisant l'anglais.

MISE EN PAGE

En ce qui concerne la mise en page de la lettre, les Britanniques privilégient le modèle américain qui consiste à justifier le texte à droite et à gauche et à ne pas faire d'alinéas.

▶ Pour en savoir plus
Pour de plus amples renseignements, vous pouvez consulter ces deux ouvrages :
• *Rédiger son CV en anglais*, Studyrama.
• *L'entretien d'embauche en anglais*, Studyrama.

Où s'adresser ?

Trouver un emploi en Grande-Bretagne depuis la France est plutôt rare. A l'exception du personnel expatrié ou détaché des entreprises françaises ou de la fonction publique (enseignants, diplomates, personnel administratif...), la grande majorité des Français sont recrutés localement. Si vous recherchez un poste correspondant à vos qualifications, comptez entre trois et six mois pour trouver un emploi, tout dépend du secteur d'activité, de votre profil et de votre niveau d'anglais. Les délais sont beaucoup plus courts (quelques jours à quelques semaines) pour les petits boulots (barman, serveur, plongeur, vendeur...). Ceux-ci sont très utiles à plusieurs titres. D'abord, ils vous assurent un minimum de revenus, ensuite, ils vous permettent d'améliorer votre anglais et de vous familiariser avec le monde du travail britannique. Enfin, même peu qualifiés, ils valorisent votre parcours, les Britanniques étant particulièrement sensibles aux battants, qui n'hésitent pas à retrousser leurs manches pour y arriver. Ces *jobs* sont donc une très bonne option pour quelqu'un qui débarque, à condition de ne pas y prendre racines et de continuer ses recherches d'emploi en parallèle. Pour les recruteurs, six mois de petits boulots est la limite à ne pas dépasser si l'on veut voir son projet professionnel se concrétiser un jour !

Différentes sources d'informations et outils sont disponibles pour trouver un emploi. Bien souvent, la meilleure solution consiste à en exploiter plusieurs pour augmenter ses chances de trouver l'offre la plus adaptée à son profil et à ses attentes.

Les annonces

Les annonces dans la presse, généraliste ou spécialisée et les sites Internet sont encore largement utilisés pour trouver le bon poste. Ces deux médias répertorient une très grande partie des propositions d'emploi des entreprises, tous secteurs confondus.

Principaux journaux britanniques

- *The Daily Telegraph* : www.telegraph.co.uk
- *Evening Standard* : www.thisislondon.co.uk
- *Financial Times* : www.ft.com
- *The Guardian* : www.guardian.co.uk
- *The Independent* : www.independent.co.ok
- *The Times* : www.timesonline.co.uk

Sites généralistes sur l'emploi

- www.careerbuilder.co.uk
- www.french-selection.co.uk
- www.impactfactory.com
- www.in-focus.org
- www.jobfinder.com
- www.jobserve.com
- www.jobsite.co.uk
- www.monster.com
- www.prospects.ac.uk
- www.reed.co.uk
- www.topjobs.co.uk
- www.totaljobs.com
- www.uk.jobs.com
- www.worksearch.com

Les agences

Privées ou publiques, les agences dédiées à l'emploi sont particulièrement intéressantes à plusieurs titres. D'abord, on y trouve des offres d'emploi et énormément de renseignements sur la législation, les entreprises, les différents secteurs d'activité, les aides, les formations... De plus, ces structures présentent un gros avantage : la possibilité de dialoguer avec un conseiller et donc d'avoir accès à une information beaucoup plus personnalisée que sur un site Internet par exemple.

Les centres pour l'emploi Jobcentre Plus

Jobcentre Plus est le service public britannique pour l'emploi. En Angleterre, en Ecosse et au pays de Galles, ce sont près de 1 000 bureaux à disposition du public. Leurs conseillers accueillent et orientent de la même manière tous les demandeurs d'emploi, qu'ils soient nationaux ou étrangers. Ces centres sont riches en informations ; on y trouve des offres d'emploi, des offres de formation, des renseignements sur les prestations, les aides, la réglementation…

▶ **Pour en savoir plus** : toutes les coordonnées sont disponibles sur le site Internet : www.jobcentreplus.gov.uk ou encore sur le service de recherche téléphonique Jobseeker Direct au :
00 44 0 845 6060 234.

Department for Education and Learning, *DEL (ministère de l'Education et de la Formation)*

Le DEL est l'équivalent de Jobcentre Plus pour l'Irlande du Nord. Il traite et gère les offres d'emploi qui sont d'ailleurs en ligne sur le site Internet : www.JobcentreOnline Le DEL a également en charge la gestion des allocations chômages.

Les agences de recrutement privées

L'inscription y est gratuite. Vous trouverez toutes les coordonnées dans les annuaires spécialisés ou dans les pages jaunes britanniques (www.yell.com) à la rubrique *Employment Agencies* ou *Personnel Consultants* ou sur le portail suivant : www.agencycentral.co.uk Ces dernières concernent davantage les cadres confirmés et profils de haut niveau. Par ailleurs, la spécificité des agences d'intérim à la française n'existe pas en Grande-Bretagne. Vous pouvez tout à fait trouver un emploi à long terme, stable, dans une agence appartenant à une enseigne perçue comme spécialiste de l'intérim d'un point de vue français. En voici quelques-unes :
- Adecco : www.adecco.co.uk
- Kelly Services : www.kellyservices.co.uk
- Manpower : www.manpower.co.uk
- Reed : www.reed.co.uk

L'AGENCE FRENCH RESOURCES

French Resources est un cabinet de recrutement indépendant spécialisé dans le placement bilingue au Royaume-Uni. Il a été lancé par les anciens consultants du bureau emploi et formation du consulat général français. Il propose un accompagnement et des conseils dans vos recherches d'emploi (rédaction de CV et de lettres de motivation, préparation à l'entretien...), ainsi que des offres d'emploi. Seules les personnes déjà installées dans le pays peuvent postuler.

▶ Contacts :

- Internet : www.emploi-formation.org.uk
- E-mail : candidates@french-resources.co.uk
- Tél. : 0845 519 1945

Autres sources

N'oubliez pas les sites Internet des entreprises. Celles-ci ont de plus en plus une rubrique « recrutement » (*careers*) dans laquelle vous pouvez consulter les vacances de postes et même déposer une candidature spontanée. Ce type de démarche tend d'ailleurs à se développer dans les entreprises anglo-saxonnes. Plus rapide, plus efficace, plus économique, plus ciblée que les annonces, les recruteurs y ont de plus en plus recours. A tel point que, selon les spécialistes en recrutement, ce sera sans nul doute ainsi que la plupart des embauches se feront demain.

Enfin, comme partout, le bouche à oreille et le carnet d'adresses (*networking*) sont toujours de très bons moyens de fonctionnement. Alors, n'hésitez pas à faire savoir autour de vous que vous cherchez un poste en Grande-Bretagne. On estime que 35 % des offres d'emploi y sont pourvues de cette façon.

LES ATELIERS DE L'EEI

L'Espace emploi international organise des ateliers d'information et de sensibilisation à la mobilité internationale. Ces sessions, sur un thème ou un pays, sont gratuites. Il suffit de s'y inscrire par téléphone, par mail ou sur place. L'inscription est obligatoire et il est conseillé de la faire le plus tôt possible, car peu de places sont disponibles. A Paris et en province (Lyon, Rennes, Toulouse…), les agences organisent régulièrement des ateliers « Travailler au Royaume-Uni ».

▶ Pour en savoir plus : pour connaître les thèmes et les dates des ateliers proposés par l'agence de votre région, connectez-vous au site Internet de l'EEI : www.eei.com.fr

Le droit du travail

En Grande-Bretagne, en matière d'emploi, le maître mot est « flexibilité ». La législation britannique est très souple. En matière de droit du travail, le texte de référence est l'*Employment Rights Act*, loi datant de 1996.

Le contrat de travail

Il faut savoir que le contrat de travail n'existe pas, ou plutôt qu'il n'est pas obligatoire, votre employeur n'est donc pas tenu de vous en fournir un. En revanche, il doit vous remettre, et ce dans un délai n'excédant pas deux mois après votre recrutement, une lettre d'embauche. Ce document doit comporter un certain nombre d'indications :

- les noms de l'employeur et du salarié ;
- la date d'embauche ;
- le lieu de travail ;
- le salaire et les modalités de paiement ;
- l'intitulé ou une brève description du poste ;
- la durée du travail ;
- les congés payés et les indemnités de maladie ;
- les modalités de retraite ;
- la période de préavis ;
- la référence à toute convention collective concernant les termes et conditions du poste ;

- procédure de règlement des litiges et voies de recours ;
- règles disciplinaires ou procédures de licenciement.

En cas de non-respect de l'accord passé avec votre employeur, vous pouvez vous adresser au *Citizen Advice Bureau*. Cette structure publique peut également être consultée au moment de l'embauche. Vous pouvez soumettre les termes de votre contrat à ses conseillers. Les services qu'ils dispensent en matière de droit du travail ou de fiscalité sont gratuits. Vous trouverez la liste des bureaux à travers le pays sur le site Internet : www.citizensadvice.org.uk
En cas de conflit persistant, ce sera alors aux autorités compétentes de trancher, en l'occurrence l'*Advisory Conciliation and Arbitration Service*, équivalent des prud'hommes français.

▶ **Pour en savoir plus**
Pour vous informer sur les politiques d'emploi et la législation, les sites suivants peuvent être utiles :
- *Departement of Trade and Industry* : www.dti.gov.uk/employment
- *Trade Union Congress* : www.tuc.org.uk et www.worksmart.org.uk

Les conditions de travail

Durée de travail et congés

La durée de travail, comme les congés, ne sont pas réglementés. La durée hebdomadaire de travail varie entre 34 et 40 heures. Elle peut aller jusqu'à 48 heures dans certains secteurs comme la restauration ou l'hôtellerie, mais pas au-delà. Les salariés, à temps complet ou partiel, bénéficient en général de quatre semaines de congés par an. Mais cela est fonction du secteur d'activité et de l'entreprise. Le congé maternité (*maternity leave*) est garanti, il représente 26 semaines à partir de la naissance de l'enfant. Il peut aller jusqu'à 52 semaines si l'employée est en poste dans la même entreprise depuis plus d'un an.
L'âge légal du départ à la retraite est fixé à 60 ans pour les femmes et à 65 ans pour les hommes.

▶ **Pour en savoir plus** : pour plus d'informations et de conseils sur le temps de travail, contactez l'*Environmental Health Department* (services d'hygiène et de santé) de votre mairie ou appelez la *National Health and Safety Executive* (administration nationale de santé et de sécurité) au numéro suivant : 0845 345 0055.

Salaire minimum

Le salaire minimum (*National minimum wage*) est assez récent en Grande-Bretagne puisqu'il a été mis en place en 1999. Il est fonction de l'âge du salarié. En 2009, il était de :

- 3,57 livres de l'heure pour les salariés âgés de 16 à 17 ans ;
- 4,83 livres de l'heure pour les salariés âgés de 18 à 21 ans ;
- 5,80 livres de l'heure pour les salariés âgés de plus de 22 ans.

Le salaire peut être versé au mois ou à la semaine, cette dernière option est surtout le cas dans l'industrie ou pour les emplois à temps partiel.

▶ **Pour en savoir plus** : *DTI National Minimum Wage Helpline* (service d'assistance téléphonique sur le salaire minimum du ministère du Commerce et de l'industrie). Tél. : 0845 600 0678.

Des avantages annexes (*fringe benefits*) peuvent être accordés (actions, assurance maladie, voiture de fonction...) pour les postes à responsabilités.
Les salaires sont plus importants dans la région de Londres ; le Nord-Est du pays, lui, détient, les salaires les plus bas. Il faut cependant regarder les choses dans leur ensemble et prendre en compte le coût de la vie, nettement plus élevé à Londres que dans les autres régions.

▶ **Pour en savoir plus** : si vous souhaitez des détails sur les salaires, vous pouvez vous rendre sur le site gouvernemental *National Statistics* : www.statistics.gov.uk

Impôts

L'impôt sur le revenu (*Income Tax*) est prélevé à la source, soit directement sur le salaire. Le salaire net est donc net d'impôts... L'année fiscale commence en avril. Trois différents taux d'imposition sont fixés tous les ans, en fonction du revenu imposable, avant déductions. Pour l'année 2008-2009, ils se répartissent ainsi :

TAUX APPLIQUÉ	REVENUS PAR AN
Taux de départ (*Starting rate*) : 10 %	0 à 2 440 livres
Taux de base (*Basic rate*) : 20 %	0 à 37 400 livres
Taux supérieur (*Higher rate*) : 40 %	Au-delà de 37 401 livres

(**Source** : *Inland Revenue* – www.hmrc.gov.uk)

La *Council Tax*, équivalente de nos impôts locaux, sert au financement des services publics. Son montant dépend de la commune de résidence, du quartier et du logement habité. Enfin, sachez que le taux standard de la TVA (VAT : *Value Added Tax*) est plus faible qu'en France : il s'élève à 17,5 %.

▶ **Pour en savoir plus**

• Le site de référence, pour les salariés et les travailleurs indépendants souhaitant s'informer sur les taxes et impôts est le site gouvernemental *Inland Revenue* : www.hmrc.gov.uk

• Autre site utile, celui du ministère des Finances français sur lequel vous trouverez la convention fiscale existant entre la France et la Grande-Bretagne : www.finances.gouv.fr

Enfin, sachez que le taux standard de la TVA (VAT : *Value Added Tax*) est plus faible qu'en France : il s'élève à 17,5 %.

TRAVAILLER EN INDÉPENDANT

Les formalités pour obtenir le statut de travailleur indépendant (*selfemployed*) en Grande-Bretagne sont moins compliquées et moins coûteuses qu'en France. Le *Business Link National Contact Centre* (Centre national de contact des réseaux d'accompagnement des entreprises) fournit des conseils et des informations aux petites entreprises.
Démarche importante à effectuer dès le début de son activité : s'enregistrer auprès du HMRC (l'administration fiscale) aux fins de l'impôt et de l'assurance nationale. Tout retard supérieur à trois mois est sanctionné par une pénalité. A noter : le HMRC gère un service d'assistance téléphonique pour les nouveaux travailleurs indépendants, qui assure les formalités d'enregistrement et donne des renseignements sur les possibilités de formation auprès des services locaux des impôts (Tél. : 0845 915 4515).
Différentes structures existent pour vous aider. Citons notamment Le *Prince's Trust* qui aide les jeunes de 18 à 30 ans à créer leur propre entreprise, les *Local Enterprise Agencies* (agences locales d'aide aux entreprises) et le *Business Simplification Programme* (BSSP).

Les relations au travail

Sans être très éloignée de la culture française, la culture britannique présente tout de même quelques particularismes. Pays européen, occidental, démocrate, chrétien, la Grande-Bretagne est proche de la France, géographiquement, historiquement, culturellement... Au-delà de ce socle commun, elle se démarque par des spécificités qui font son identité : un système monarchique, une prédominance de la religion anglicane, une proximité particulière à l'égard des Etats-Unis et un caractère insulaire bien affirmé. Ce particularisme s'exprime notamment dans son lien avec l'Europe, membre de l'Union européenne, mais en dehors de la zone euro et de l'espace Schengen. En fait, le Royaume-Uni, comme l'Irlande du reste, bénéficie d'un statut particulier qui lui permet de ne collaborer qu'à une partie seulement des dispositions de Schengen.

Dans la sphère professionnelle, des différences notables par rapport à la France, concernent tout particulièrement le rapport à la hiérarchie, le respect des horaires et la flexibilité.

Les relations hiérarchiques

En Grande-Bretagne, que ce soit au moment du recrutement ou pour une promotion, une place plus grande est faite à l'expérience professionnelle et aux compétences de la personne par rapport aux diplômes. Ceux-ci ont certes leur importance, mais ils ne constituent pas le critère essentiel, comme c'est encore souvent le cas en France. Les relations hiérarchiques sont moins marquées. La distance hiérarchique est moins grande. L'utilisation des prénoms est très courante, quels que soient le statut et la fonction. Un salarié est davantage perçu comme un collaborateur. Toutes prises d'initiative et propositions sont les bienvenues et sont même encouragées. Un bon supérieur contrôle le travail de ses employés mais doit aussi être à leur écoute et les guider. Un *leader* dirige, mais montre aussi l'exemple, il crée les conditions appropriées de travail et insuffle une dynamique pour permettre à tous de mieux collaborer. Enfin, les salariés sont davantage jugés sur leur motivation, leurs compétences et leurs capacités en situation que sur leurs diplômes. De même que les préjugés et stéréotypes sont moins présents (apparence physique, âge, origine ethnique, religion...). Les Anglo-Saxons sont plus pragmatiques et recherchent avant tout l'efficacité ; un collaborateur est jugé en fonction de ce qu'il est capable de fournir concrètement sur le terrain. Cet état d'esprit explique en partie le cosmopolitisme qui règne en Grande-Bretagne, tout particulièrement dans une ville comme Londres.

Au quotidien

Les Britanniques travaillent en moyenne huit heures par jour, en fonction des postes et des secteurs d'activité. Les horaires de bureaux coïncident à peu près avec les horaires français. Toutefois, ils sont mieux respectés, les salariés sortent donc plus tôt du travail. Ils effectuent peu d'heures supplémentaires, à part dans certains milieux bien spécifiques ou encore pour les *workaholics*, ces « drogués du travail ». En revanche, les pauses déjeuner sont plus courtes et se résument bien souvent à un sandwich sur le pouce, quand ce n'est pas carrément devant son écran d'ordinateur ! En fin de journée et particulièrement le vendredi, la destination favorite après le travail est celle du pub, véritable institution en Grande-Bretagne ! Lieu de convivialité par excellence, il permet de se détendre, certes, mais également de poursuivre les relations professionnelles dans un cadre moins formel. Ce sont des moments importants pour mieux connaître ses collègues. Lorsque l'on est étranger et nouveau venu, cela reste le meilleur moyen de s'intégrer, de nouer des relations et de s'adapter à la vie locale.

Lire

AU PUB

L'équivalent du demi français est le *glass* ou *half pint*. Les Britanniques commandent plutôt une *pint* (56,82 cl). Une pression se dit *draught beer*.
Depuis novembre 2005, les pubs anglais et gallois ont désormais le droit de rester ouverts 24 heures sur 24. Pour cela, l'établissement doit demander une licence à la mairie. Le texte de loi met ainsi fin à une obligation de fermer à 23 heures qui remonte au début du XXe siècle. Son objectif, qui peut *a priori* sembler paradoxal, est de lutter contre l'alcoolisme. En effet, en permettant aux Anglais de rester plus longtemps dans les pubs, les autorités espèrent inverser la tendance qui consistait jusque-là à consommer un maximum d'alcool en un minimum de temps… Cette pratique appelée *binge drinking* (cuites rapides) engendrait violences et troubles de l'ordre public, sans parler des dommages en termes de santé publique.

La politesse

On ne peut pas dire que les Britanniques soient très expansifs et démonstratifs. Ce qui les distingue par-dessus tout est sans nul doute leur légendaire flegme et leur *self-control*. Un *gentleman* doit savoir se comporter en société, ce qui signifie avant tout savoir se maîtriser et contrôler ses émotions. Pour cela, ils portent une attention toute particulière aux bonnes manières, aux codes de politesse. Concrètement, certaines attitudes sont à proscrire : parler fort dans un lieu public, se donner en spectacle, avoir des sautes d'humeur, se mettre en colère ou plutôt laisser éclater sa colère au lieu de la contenir… Si quelque chose vous déplaît, voire vous énerve, vous devrez alors trouver une façon très diplomatique d'en faire part, mais surtout ne pas exploser de colère. On vous prendrait alors au mieux pour quelqu'un qui n'a aucun *self-control*, au pire pour un fou ! Autre point fondamental, la ponctualité. Les Britanniques y sont très regardants, dans les relations professionnelles et même personnelles. Que vous soyez convié à un entretien, une réunion, une cérémonie, un dîner ou une fête… on attendra de vous la plus grande ponctualité, signe de respect et de bonne éducation. Le quart d'heure, voire la demi-heure, de retard des Latins est du plus mauvais effet.

La flexibilité

La mentalité anglo-saxonne fait que la flexibilité est un état d'esprit, un mode de vie. Les Britanniques sont moins rétifs au changement. Changer de poste, d'entreprise, de ville, voire de métier, n'est pas forcément négatif. Tout est question de point de vue. Certes, les emplois ne sont pas garantis à vie, les temps partiels et les contrats à durée déterminée sont monnaie courante, les licenciements très simples (en moyenne une quinzaine de jours de préavis), les salariés moins protégés qu'en France… Mais cette flexibilité est aussi source d'évolution, de dynamisme, elle permet de se renouveler, de progresser et de rompre avec la routine et la monotonie. Cette attitude s'explique de différentes façons. Les Anglo-Saxons ont un esprit plus aventurier et entrepreneur, et sont plus enclins au modèle économique libéral. L'échec est moins lourdement sanctionné qu'en France, le tout est de savoir s'en servir pour mieux rebondir. Du coup, on ose davantage se remettre en question et prendre des risques. Et puis, comme le système social est moins protecteur qu'en France, les salariés n'ont finalement pas grand-chose à perdre à être mobiles et flexibles. De plus, le rapport à la formation est très différent, les *self-made men* sont reconnus pour leur mérite, les diplômes n'ont pas autant d'importance qu'en France et la formation continue est très accessible et bien adaptée. Enfin, les allocations chômage ne sont pas très élevées, y compris pour les personnes ayant eu des revenus importants. Autant d'éléments qui incitent à retrouver un emploi, même moins qualifié et moins bien rémunéré, plutôt que de rester au chômage. Pascal, 32 ans, cadre dans le secteur bancaire à Londres s'en accommode plutôt bien : « *Ici, les choses sont très différentes. Les Anglais n'ont pas peur de perdre leur emploi, ils sont moins frileux qu'en France, le changement ne leur fait pas peur… enfin, on sait que rien n'est jamais acquis, du coup, cette angoisse est évacuée. On pense plutôt à comment faire pour évoluer, pour s'améliorer, se perfectionner… cela peut paraître paradoxal mais d'une certaine façon, le système anglais, avec sa flexibilité, permet de s'autonomiser et de prendre confiance en soi.* »

5. Investir en Grande-Bretagne

Où se renseigner ?

Différents organismes peuvent vous conseiller et vous informer sur les modalités de création ou sur le secteur d'activité dans lequel vous voulez investir. Quelle que soit la nature de votre projet, mieux vaut vous renseigner en France au préalable, avant de commencer quoi que ce soit.

Un interlocuteur privilégié : le *UK Trade and Investment*

Pour ceux qui souhaitent investir dans ce pays, un interlocuteur privilégié : *UK Trade and Investment*, organisme placé sous la tutelle conjointe du ministère des Affaires étrangères britannique et du ministère du Commerce et de l'Industrie. Il dispose de bureaux dans le monde entier afin d'aider et de conseiller les investisseurs potentiels. Les services dispensés sont gratuits. Son site Internet et sa lettre d'information (*Business in the UK*) sont une mine de renseignements sur l'économie britannique, ses différents secteurs d'activité, les entreprises, les démarches administratives et juridiques...
UK Trade and Investment est composé de deux services. Le service commercial, destiné aux entreprises britanniques qui veulent exporter ou s'établir en France ou qui le sont déjà. Le service investissements, lui, s'adresse aux entrepreneurs et futurs entrepreneurs français qui envisagent de s'implanter outre-Manche.
Le service investissements est situé dans les locaux de l'ambassade de Grande-Bretagne à Paris. Des bureaux existent également à Bordeaux, Lille, Lyon et Marseille. De plus, des séminaires d'information sont régulièrement organisés à travers toute la France (www.britishembassy.gov.uk).

▶ Contact
35, rue du Faubourg Saint-Honoré – 75008 Paris. Tél. : 01 44 51 31 69.
Site Internet : www.ukinvest.gov.uk/en
E-mail : ukti.paris@fco.gov.uk

En dehors du *UK Trade and Investment*, différents autres organismes peuvent vous aider dans votre projet de création ou de reprise d'entreprise et de développement de vos activités en Grande-Bretagne.

Ubifrance

Ubifrance est l'agence pour le développement international des entreprises. Elle a pour vocation d'aider et d'accompagner les entreprises françaises qui souhaitent exporter. Elle fournit des informations très riches sur les marchés mondiaux, les entreprises et opérateurs économiques des différents secteurs d'activité, les aides à l'export... Elle édite également de nombreux ouvrages, parmi lesquels les « Guides répertoires ».

▶ Contacts

- Ubifrance Paris (siège social) – 77, boulevard Saint-Jacques – 75998 Paris cedex 14
- Ubifrance Marseille – Espace Gaymard – 2, place d'Arvieux – 13200 Marseille
- Tél. : 0810 817 817. Internet : www.ubifrance.fr

Les chambres de commerce et d'industrie françaises à l'étranger (CCIFE)

Elles constituent un réseau d'associations privées réunissant des entreprises françaises et étrangères. Les 114 CCIFE comptent plus de 25 000 adhérents et sont réparties dans 78 pays. Leur but est de promouvoir les affaires entre la France et les autres pays. Elles assurent un appui aux entreprises et proposent également des prestations de services (information, observation du marché, action commerciale, assistance juridique et fiscale...). Elles servent aussi à faciliter les contacts, les rencontres et les échanges entre les différents acteurs du monde économique et commercial.

▶ Contact

2, rue de Viarmes – 75040 Paris cedex 01. Tél. : 01 55 65 39 21.
Fax : 01 55 65 39 38. Internet : www.uccife.org
E-mail : infos@uccife.org

Entreprise Europe Network

Très récent, Enterprise Europe Network a été lancé en février 2008 par la Commission européenne. Il s'agit d'un réseau d'information à destination des entreprises. Il est composé des anciens Euro info centres (EIC) et des Centres relais innovation (CRI). Particulièrement dense, ce réseau est présent dans plus de 40 pays.

Pour les personnes désirant un complément d'information, le consortium Paris Ile-de-France Centre propose également un service d'aide.

▶ **Pour en savoir plus** : www.eic.minefi.gouv.fr

Le MOCI

Le Moci (Moniteur du commerce international) est incontournable dans le domaine du commerce international. Enquêtes, dossiers, *interviews*... toute l'actualité du commerce international y est passée au crible. Il répertorie aussi des opportunités d'affaires, des annonces, un agenda des différentes manifestations, rencontres et salons... Il se présente sous différents supports : magazine bimensuel, hors-série, site Internet, lettres électroniques...

▶ **Contact**
Le Moci – 11, rue de Milan – 75440 Paris cedex 09.
Internet : www.lemoci.com E-mail : redaction@lemoci.com

Créer sa société

Avant de vous lancer, vous devrez d'abord choisir le statut de votre entreprise, qui dépendra d'un certain nombre d'éléments comme votre secteur d'activité, le statut que vous envisagez pour vous-même, vos objectifs à court et moyen terme... Pour cela, la meilleure chose est encore d'en discuter avec des spécialistes, soit des juristes spécialisés en droit des sociétés britanniques, soit avec les conseillers du service investissements de l'ambassade de Grande-Bretagne. Sachez que, depuis 1992, les ressortissants européens ont la possibilité de créer une entreprise dans un pays membre de l'Union sans obligation d'y résider.
Comme en France, il existe plusieurs statuts possibles, les plus courants étant la *Private company limited by shares* (*Ltd.*) (équivalent de la société à responsabilité limitée) et la *Public company limited by shares* (*PLC*) qui correspond à la SA (société anonyme).
Si les démarches de création d'entreprise ont récemment été simplifiées en France, c'est encore loin d'être aussi facile et rapide qu'en Grande-Bretagne.

Les avantages sont quant à eux réels. Tout d'abord, les formalités de création sont très simples et les délais très courts. Comptez en moyenne cinq jours pour créer votre structure. Ce délai peut même être ramené à 24 heures dans certains cas ! Pour enregistrer sa société au greffe du tribunal de commerce britannique, peu de documents sont nécessaires. Citons notamment les statuts (*Articles of association*) et la charte constitutive (*Memorandum of association*). Vous pouvez en trouver des modèles sur Internet.
Autre argument de taille : la possibilité de créer sans avoir à immobiliser son capital sur un compte bancaire. Second point fort : une fiscalité particulièrement avantageuse.

TAUX D'IMPOSITION DES REVENUS FINANCIERS POUR LES PERSONNES PHYSIQUES ET LES ENTREPRISES, 2008/2009 (CORPORATION TAX)

- Entreprises dont le bénéfice est compris entre 0 et 300 000 livres : 21 %
- Entreprises dont le bénéfice est compris entre 300 001 et 1 500 000 livres : *marginal relief*
- Entreprises dont le bénéfice est supérieur à 1 500 001 livres : 28 %

(Source : MFE)

IMPÔT SUR LE REVENU (INCOME TAX)

Les revenus gagnés dans un exercice fiscal ne sont pas nécessairement imposables. En effet, si votre revenu ne dépasse pas le montant de votre abattement, vous ne serez pas tenu de régler un impôt sur le revenu. Bien que les abattements applicables ne soient pas fixes, ils se situent en moyenne autour de 6 500 GBP par an.
L'impôt sur le revenu est directement déduit du salaire et calculé de la façon qui suit :

- taux de base : 20 %, de 0 GBP à 37 400 GBP ;
- taux majoré : 40 %, plus de 37 400 GBP (Source : Europa)

6. Les principales villes britanniques

Vous qui vous apprêtez à partir vivre dans l'une de ces villes britanniques, autant que vous partiez en toute connaissance de cause. Dans ce chapitre, nous nous proposons de mettre en évidence les caractéristiques d'une quinzaine de villes britanniques. Les avantages qu'elles présentent, mais aussi les inconvénients… A vous de faire votre choix !

Aberdeen

Où est-ce ?

Regardez bien sur une carte de la Grande-Bretagne, Aberdeen se trouve au Nord-Est de l'Ecosse et en est d'ailleurs la troisième ville en importance (après Edimbourg et Glasgow). Mieux connue sous le nom de « ville de granit » – car tout y est gris, et quand on vous dit gris… –, Aberdeen a tout de même une position assez privilégiée, car placée non loin de la campagne écossaise et d'un certain nombre de plages. Le hic étant bien sûr le temps : jamais réellement très chaud, la période la plus difficile étant tout de même le mois de novembre où tout devient réellement très, très gris, le temps nuageux se mêlant avec délice aux semblables murs de la ville. Mais quand le soleil a le bon goût de faire son apparition, cette ville devient tout simplement magnifique. Pour cette raison, parmi d'autres, Aberdeen bénéficie tout de même d'une cote de sympathie assez élevée… Pour les amateurs de détails, sachez que Aberdeen est avant tout une ville pétrolière qui a subi une véritable expansion dans les années quatre-vingt. Depuis, le coût de la vie a quelque peu augmenté, mais bonne nouvelle tout de même pour les étudiants : les possibilités de *job* à mi-temps existent bel et bien.

La vie culturelle

Quatre cinémas vous accueilleront. Sinon, les ballets, pièces de théâtre et autres opéras ainsi que comédies musicales sont hébergés au *Aberdeen Arts Centre* et au *Music Centre*. Mention spéciale au *Lemon Tree* qui répond tout particulièrement aux besoins des jeunes et des étudiants : là y passent des groupes connus et des troupes de théâtre alternatif. Possibilité également de visiter le

Maritime Museum qui raconte l'histoire de la pêche et explique les techniques modernes de recherche de pétrole. Côté animations, le quartier de *Belmont Street* est incontournable : il propose de nombreux bars.

La population

Population totale : 250 000 habitants
Population étudiante : 50 000

Belfast

Où est-ce ?

De l'Ecosse, passons maintenant à l'Irlande du Nord, dont Belfast est la capitale politique et culturelle. Le processus de paix a permis d'attirer dans cette ville plus d'étudiants que par le passé, ce qui n'est que justice, Belfast étant particulièrement bien pourvue en lieux culturels, en particulier en cinémas et théâtres. Les bars d'étudiants ont tendance à être particulièrement remplis le jeudi soir, veille de week-end. Cela signifie donc que le campus est le plus souvent désert les fins de semaine. Seuls les étudiants étrangers, en nette augmentation depuis quelques années, demeurent…

La vie culturelle

Cinéma, théâtres, *concert halls* et galeries épancheront la soif de tous ! La ville accueille de nombreux festivals tout au long de l'année : citons notamment le *Belfast Festival at Queen's* et le *Belfast Maritime Festival* qui se tient en août. Par ailleurs, les nombreux pubs sauront accueillir les amateurs de bière.

La population

Population totale : 580 000 habitants
Population étudiante : 28 000

Birmingham

Où est-ce ?

Evidemment, Birmingham n'est sans doute pas la plus fleurie ni la plus agréable des villes à regarder : le béton y est extrêmement présent. Passée cette première impression, vous pourrez découvrir que, située dans les Midlands, cette deuxième ville de Grande-Bretagne (par sa population) recèle de nombreux atouts. Le centre de la ville a reçu ces dernières années un coup de jeune considérable, et la présence d'un centre international de conférences (*International Convention Centre*) ainsi que du *National Exhibition Centre* occasionne la venue de nombreux étrangers. Côté universités, la distance séparant les différents campus signifie que les étudiants ont plus de chances de se retrouver dans les pubs de centre-ville que dans les réunions universitaires. A noter cependant quelques tensions entre les étudiants *posh* et les jeunes habitants de Birmingham, certains quartiers ne présentant pas tous les gages de sécurité.

La vie culturelle

A en juger par le nombre d'établissements, elle semble importante. On compte en effet plusieurs théâtres ainsi que de nombreux cinémas et des musées, dont le musée des Sciences et de la Découverte, ainsi que le musée di Jewellery Quarter. Pour les fous de sport, sachez que *The National Indoor Arena* accueille de nombreux événements sportifs toute l'année, tandis que le *National Exhibition Centre* saura davantage combler les désirs des amateurs de peinture et de musique. Les « footeux » pourront supporter l'équipe de Aston Villa tandis que les apprentis *cricketers* pourront aller découvrir ce sport à Edgbaston.

La population

Population totale : 1 016 800 habitants
Population étudiante : environ 65 000

Brighton

Où est-ce ?

Située à environ 80 kilomètres au sud de Londres, Brighton est non seulement une ville universitaire, mais aussi une jolie cité balnéaire. Plus connue sous le nom de *London by the sea* (« Londres-sur-mer ») en raison de la grande majorité d'étudiants venus de la capitale, cette ville a également le vilain défaut d'afficher des tarifs qui se rapprochent de sa grande sœur sur la Tamise. Probablement en raison de son côté très mode et souvent avant-gardiste. Bon point en revanche : les pistes cyclables y sont assez fréquentes, mais l'option « marche à pied » est encore plus probable dans la mesure où le centre-ville est aisément accessible.

La vie culturelle

Durant ces dernières années, Brighton s'est avant tout illustrée sur le plan musical en mettant en avant de nouveaux talents. Mais le théâtre n'est pas non plus en reste, en particulier le théâtre expérimental, en développement depuis une bonne trentaine d'années. Musées, galeries d'art, événements... la ville propose de nombreuses activités (rallye, carnaval...). Pour les plus gourmands, sachez que 400 restaurants vous ouvrent leurs portes.

La population

Population totale : 250 000 habitants
Population étudiante : 31 000

Bristol

Où est-ce ?

Ville historique du Sud-Ouest de la Grande-Bretagne, Bristol est, de l'avis de nombreux étudiants, une ville universitaire à taille humaine. Autrement dit, suffisamment grande pour être accueillante, mais pas trop pour être intimidante. Le seul hic : des loyers qui restent chers. Mais de manière générale, cette ville est réputée pour offrir de nombreux loisirs, spécifiquement à destination des universitaires. Et de fait, les *Unions* ou organisations d'étudiants, sont bien pourvues en cafés de toutes sortes. Citons, parmi eux, *The Epi*, particulièrement attractif pour les sportifs et les joueurs de rugby.

La vie culturelle

L'animation cinématographique satisfera les désirs des amateurs de grosses superproductions mais aussi de cinéma plus intimiste. Les comédies musicales, les ballets et autres opéras sont accueillis au sein de l'hippodrome. L'histoire naturelle prend place au *Bristol City Museum and Art Gallery*. Côté vêtements, si vous aimez les fripes, *Park Street* est l'endroit où il faut aller. Autre lieu culte de Bristol : *Clifton Village*, présentant un nombre important de boutiques spécialisées. Côté bars étudiants, citons entre autres *The Anchor*, *Bishops Tavern* ou encore *The Croft*.

La population

Population totale : 450 000 habitants
Population étudiante : 47 000

Cambridge

Où est-ce ?

Cambridge est l'un des deux sites universitaires les plus connus en Grande-Bretagne, avec Oxford. C'est d'ailleurs l'un des inconvénients majeurs de cette ville, remplie toutes les saisons de l'année par des hordes de touristes. Le cheminement y est aisé puisque tout peut se faire à pied. C'est peut-être aussi un inconvénient dans la mesure où l'on peut rapidement avoir l'impression de tourner en rond (ou de devenir claustrophobe). Pour le reste, les animations universitaires y sont sans doute les plus nombreuses. Pas d'ennui en perspective, donc… Mention spéciale aussi pour l'architecture de la ville, tout simplement à couper le souffle.

La vie culturelle

Si, d'aventure, votre emploi du temps vous le permet, vous pourrez toujours profiter des clubs à l'intérieur de la ville. Côté culture, vous pourrez vous régaler, notamment avec le musée Fitzwilliam, la

Chapelle de King's College, le festival de musique de Cambridge, et le *Flying Legends Airshow* en juillet (Duxford).

La population

Population totale : 110 000 habitants
Population étudiante : 30 000

Cardiff

Où est-ce ?

Capitale du pays de Galles, Cardiff a de quoi être fière car, au fil des ans, elle a su se développer. Ses entreprises de pointe dans le domaine des biosciences IT et dans le domaine de la création ont fait sa réputation. Et, bonne nouvelle pour les étudiants, le niveau du prix de la vie reste abordable en comparaison avec les autres villes britanniques. Par ailleurs, la ville est réputée pour ses espaces verts qui occupent près de 10 % de sa surface (330 parcs et jardins ont été recensés).

La vie culturelle

Le jeune *Wales Millennium Centre* (WMC) est l'une des adresses incontournables de la ville, créée en 2004. Vous pourrez entre autres y découvrir des *musicals*, des opéras, ballets, spectacles de danse, expositions…
Avec sept centres, le sport est omniprésent dans la ville. Elle a par ailleurs été désignée ville du sport en 2009. N'oublions pas non plus, pour les amateurs de rugby, que Cardiff a été la ville hôte de la Coupe du monde 99 de rugby, qui s'est déroulée dans le tout nouveau Millenium Stadium. La ville offre aussi des perspectives pour le golf, la natation, le patin à glace, le squash et le football. Et, toujours pour les mordu(e)s de shopping, il y a de quoi faire avec Queen's Arcade, le St David's Centre et le Capitol Centre.

La population

Population totale : 316 000 habitants
Population étudiante : 27 000

Edimbourg

Où est-ce ?

Capitale politique de l'Ecosse, Edimbourg est aussi connue sous le nom d'« Athènes du Nord » et se positionne désormais comme un centre financier et commercial attractif (et touristique, la ville attirant près de deux millions de touristes chaque année). D'autant plus que cette ville est devenue depuis peu le siège du tout nouveau parlement écossais. Pour ce qui est de la vie estudiantine, les trois campus (*University of Edinburgh*, *Heriot-Watt Univeristy* et *Napier University*) communiquent entre eux et les étudiants ont accès à toutes les facilités offertes par l'un ou l'autre des établissements. Le compact centre-ville offre toute une variété de pubs, bars et *night-clubs*, parmi lesquels certains peuvent ouvrir 24 heures sur 24.

La vie culturelle

Edimbourg n'offre rien moins qu'une dizaine de cinémas commerciaux. Les théâtres y sont pléthoriques. La ville propose également de nombreux festivals tels que l'*Edinburgh International Festival*, l'*Edinburgh Festival Fringe* ou l'*Edinburgh Military Tattoo*. A savoir : la ville appartient au patrimoine mondial de l'Unesco. Princes Street est la rue commerçante principale d'Edimbourg. Ne ratez pas également le quartier du Royal Mile avec ses magasins, cafés et restaurants.

La population

Population totale : 450 000 habitants
Population étudiante : 37 000

Glasgow

Où est-ce ?

Si Edimbourg est la capitale politique de l'Ecosse, Glasgow en est probablement la capitale culturelle. Ces dernières années ont été l'occasion pour Glasgow de redonner un peu d'éclat à l'image d'une ville décrite bien souvent comme terne. C'est chose faite : Glasgow a accueilli le *Garden Festival* et a été célébrée en 2006 comme la ville de la culture. En 1999, elle a reçu le titre de ville de l'architecture et du *design*. Côté vie étudiante, les trois campus (*University of Glasgow*, *Glasgow Caledonian University* et *Strathclyde University*) communiquent bien entre eux, même si les associations d'étudiants n'y sont pas uniques. Environ 3 millions de personnes visitent Glasgow chaque année.

La vie culturelle

King's, *Theatre Royal*, *The Citizen's*, *The Pavilion* et *The Tramway* sont autant de théâtres susceptibles de combler vos goûts. Les concerts de musique classique sont aussi l'une des spécialités de la ville tandis que le cinéma dispose de nombreux écrans et de salles indépendantes. Beaucoup de pubs aussi : la *Guinness* y est naturellement reine. A ne pas rater : le *Glasgow Magazine* pour être au courant des événements en cours en ville. Côté shopping, direction Princes Square, Buchanan Galleries, Buchanan Street et Sauchiehall Street.

La population

Population totale : 578 000 habitants
Population étudiante : 46 000

Hull

Où est-ce ?

Ville du Nord de l'Angleterre, non loin de Leeds, à deux heures de Newcastle et à une heure de York, Kingston upon Hull est logée sur les rives de l'estuaire d'Humber et fut, avant la Seconde Guerre mondiale, une très jolie ville. Evidemment, les bombardements ont mis un terme à ce qualificatif. Quelques vestiges sont toutefois là pour rappeler la beauté passée de Hull. De manière générale, cette ville a beaucoup souffert : le déclin de l'industrie du poisson l'a sévèrement touchée. En pleine mutation, la ville voit son patrimoine mis à l'honneur.
Pour l'anecdote, les postes téléphoniques y sont tout blancs. On dit même qu'un étudiant, après une soirée bien arrosée, aurait tenté de les peindre en rouge (sans grand succès…). Le coût de la vie y est moins élevé qu'ailleurs.

La vie culturelle

Hull est réellement un centre artistique important, en particulier pour tout ce qui relève de la musique, de la poésie et du théâtre. Citons notamment la *Hull Truck Theatre Company*, qui est l'une des meilleures compagnies théâtrales du Royaume-Uni. Pour les goûts plus conventionnels, le *Hull New Theatre* conviendra mieux. Et pour les adeptes du rock et de la pop, une adresse : le *Hull City Hall*. Notons que la *Hull University Union* compte pas moins de 70 *societies*.

La ville quant à elle ne manque pas d'auberges ni de bars. Citons entre autres le mythique *Ye Olde White Harte*, le *Ye Olde Black Boy* qui serait hanté. Avis aux amateurs.

La population

Population totale : 300 000 habitants
Population étudiante : 11 500

Liverpool

Où est-ce ?

Située dans le Nord de l'Angleterre, Liverpool a longtemps été célèbre pour ses équipes de football ainsi que pour sa scène musicale, les Beatles y étant sans aucun doute pour quelque chose. Elle a par ailleurs été désignée Capitale Européenne de la Culture pour l'année 2008. Elle parvient aujourd'hui à fournir aux étudiants une base économique confortable grâce à des emplois à mi-temps et un coût de la vie qui reste inférieur à celui de beaucoup de villes anglaises. La vie étudiante y est rythmée par les deux universités locales (*University of Liverpool* et *Liverpool John Moores University*) situées en centre-ville, ce qui signifie à proximité des magasins, les deux références étant *Wade Smith* et *Reiss*. Le centre commercial *Cavern Walks*

La vie culturelle

La ville a plusieurs cinémas et de nombreux théâtres (*The Bluecoats Arts Centre*, *The Everyman*, *The Royal Court* et *The Liverpool Empire*…) qui présentent aussi bien ballets, opéras et *shows*. De manière générale, Liverpool a acquis une solide réputation de cité où il fait bon vivre la nuit.

La population

Population totale : 450 000 habitants
Population étudiante : 34 000

Londres

Que dire réellement de plus sur la capitale de la Grande-Bretagne, si ce n'est que rien ne semble réellement y manquer ? Musées, cinémas (en beaucoup moins grand nombre qu'à Paris, mais tout de même…), galeries d'arts. Bref, nous n'allons pas nous livrer ici au détail de tous les trésors de Londres : vous les connaissez peut-être déjà, et de nombreux guides très bien faits existent sur cette ville. Cela dit, le grand inconvénient de cette abondance se trouve sans doute dans le coût de la vie extraordinairement élevé. Si vous avez l'intention de prendre un logement, sachez que vous allez devoir vous retrouver dans des zones très éloignées du centre-ville. Autre solution : le partage d'appartement, un *must* quand on débarque dans cette ville… à condition évidemment d'apprécier ses colocataires.

Quant aux transports, ils y restent chers et pas toujours très fiables. Certaines lignes de métro en particulier ont une fâcheuse tendance à stationner pendant un laps de temps plus ou moins long entre deux stations. Les retards sont fréquents. Ne parlons pas davantage du réseau ferroviaire qui fait fréquemment la une des journaux pour ses immanquables retards (quand il ne s'agit pas tout simplement de *crashs* !). Enfin, les bus rouges restent pratiques même si les démarrages impromptus des chauffeurs donnent parfois quelques frayeurs…

Bref, Londres vaut le détour mais attention : le prix à payer y est très élevé.

Pas trop Londres

LES PLANS DÉTENTE D'UNE PARISIENNE EXILÉE À LONDRES

Comment s'évader de Londres tout en restant dans cette ville ? Caroline P., 26 ans, parisienne, a arpenté les chemins de la capitale et a fini par trouver des endroits séduisants qui lui permettent de se sentir ailleurs : « *Je retiens avant tout le quartier de Clapham Common (sud de Londres). L'effet dépaysant est complètement garanti : on n'y rencontre pas les mêmes catégories de personnes qu'ailleurs. Par exemple, si vous allez prendre un verre après le travail, il y a très peu de chances de tomber sur des "costumes rayés".* » Pas de *businessmen* donc, mais une véritable aire de détente avec des gens ouverts et conviviaux. Deuxième sélection : St Catherines Docklands, dans le sud de Londres, à proximité de la Tour de Londres : « *On a réellement l'impression de se retrouver sur une riviera, entourée de bateaux. Il y a surtout ce pub à la devanture complètement fleurie qui mérite le détour.* » Le marché de Portobello (proche du métro de Notting Hill), avec ses puces et ses fruits et légumes le samedi, fait partie des bonnes adresses à retenir. Enfin, le *Colombia Flower Market*, à visiter le dimanche avant 13 h 30 : « *Vous avez tous ces gens qui prennent un chocolat au milieu des fleurs et des musiciens de rue sur les trottoirs. Cela donne une véritable impression de village.* » Quand on vous dit que le dépaysement est à deux pas de chez vous…

Manchester

Où est-ce ?

Ville du Nord de l'Angleterre, Manchester a longtemps été un épicentre musical et culturel dans les années quatre-vingt – on l'appelait d'ailleurs Madchester – et reste une ville très « tendance » pour les éventuels étudiants qui souhaiteraient venir y faire un tour. Elle a à son actif plus de 250 pubs, des bars, des clubs, des cafés en abondance et une marque de fabrique impressionnante : beaucoup de groupes y ont fait leurs débuts ou sont tout bonnement originaires de cette ville (Chemical Brothers, Oasis, The Verve, pour ne citer qu'eux). A en juger par le nombre d'étudiants venus d'ailleurs (environ 30 000), cette ville a décidément beaucoup d'atouts. Cette population a tendance à vivre dans le quartier de Fallowfield.

La vie culturelle

Pour le cinéma : *The Cornerhouse* avec ses écrans, son café et sa galerie. Parmi les autres attributs de la ville : la *Manchester Art Gallery*, le *Museum of Science and Industry* et le *Hallé Orchestra*.

La population

Population totale : 394 000 habitants
Population étudiante : plus de 50 000

L'IRLANDE

PARTIE II

L'Irlande, *Eire* en irlandais, surnommée « l'île d'émeraude », pour ses quarante nuances de vert, a de nombreux attraits. Longtemps considérée comme un des pays les plus pauvres d'Europe, elle a connu une histoire tourmentée, de la domination anglaise à l'indépendance, elle a vécu la famine, la guerre et la délicate question de l'Irlande du Nord continue de créer des tensions. Mais l'Irlande a prouvé qu'elle avait des ressources et elle a su tirer partie de son intégration à l'Union européenne, en 1973. En effet, elle a connu une croissance record dans les années quatre-vingt-dix, qui lui a valu le surnom de « tigre celtique ». Sa main-d'œuvre qualifiée et bon marché ainsi que sa fiscalité avantageuse ont attiré les entreprises et les investisseurs étrangers en nombre. Mais la crise économique et financière a mis un frein sévère à sa croissance record. La bourse de Dublin a assisté, impuissante, à une perte de sa valeur de plus de 50 % en un an. Les banques ont quant à elles dû gérer une crise de liquidités.

Les relations franco-irlandaises reposent sur une coopération qui se développe dans de nombreux domaines : culturel (l'année 2006 a été marquée par la commémoration du centenaire de la naissance de Samuel Beckett et par la 7e édition du festival franco-irlandais de littérature), scientifique (concernant notamment les biotechnologies et l'informatique), universitaire (des partenariats sont mis en place en gestion, commerce, droit ou sciences politiques, avec pour objectif à terme la mise en place de formations co-diplômantes), linguistique (60 % des élèves irlandais apprennent le français), commercial, etc.

La France est désormais la deuxième destination touristique des Irlandais, après l'Espagne. L'Irlande, quant à elle, attire de plus en plus de Français, étudiants, travailleurs, entrepreneurs ou simples touristes. Son patrimoine historique, culturel et littéraire est très riche. Elle est la patrie de nombreux écrivains de renommée mondiale comme George Bernard Shaw, Oscar Wilde, Bram Stoker, Jonathan Swift, James Joyce ou encore Samuel Beckett. La musique et la danse ne sont pas en reste, U2, Sinead O'Connor ou la compagnie Riverdance sont des ambassadeurs mondialement célèbres de la culture irlandaise. D'ailleurs, le pays fait beaucoup pour le rayonnement et le développement de la culture celte et de sa langue, le gaélique, qui est désormais reconnue comme 21e langue officielle de l'Union européenne.

Mais de l'avis général, ce qui caractérise avant tout l'Irlande et qui fait tout son charme, ce sont incontestablement sa douceur de vivre ainsi que la gentillesse et l'hospitalité de ses habitants. Gais, décontractés, ils accordent une importance particulière aux relations sociales et cultivent l'art de la conversation, en premier lieu dans les pubs, véritables institutions irlandaises.

Découverte

Sarah et l'hospitalité irlandaise

Sarah, étudiante à Dublin, se rappelle de ses premières semaines en ville : « *A mon arrivée, j'ai opté pour le système du Bed and Breakfast, je trouvais que, dans un premier temps, pour découvrir la ville et me familiariser avec, c'était le meilleur moyen. Je logeais chez une Irlandaise, à Coolock, dans la banlieue de Dublin, il fallait que je prenne le bus pour aller en centre-ville et les premiers temps, j'avais un peu de mal à me repérer, surtout le soir quand il faisait nuit ; il faut dire que les banlieues irlandaises sont comme les banlieues anglaises, ou françaises du reste, on a l'impression que toutes les maisons se ressemblent et qu'il n'y a pas beaucoup de points de repère ! Bref. Un soir, j'avais pris le dernier bus pour rentrer et en fait, dans ma précipitation, je me suis trompée de numéro… et plus le bus roulait, moins je reconnaissais le chemin… Quand je me suis rendu compte que je m'étais trompée, on était presque arrivé au terminus, et j'étais très loin de chez moi. Je commençais à me dire que ça allait me coûter bien cher en taxi tout ça, si je réussissais à en trouver un ! Je suis donc allée voir le chauffeur du bus pour lui expliquer la situation et lui demander où je pouvais trouver un taxi… Il m'a regardée, et sur le ton le plus calme et le plus gentil, il m'a dit : "Bon, normalement je rentre directement au dépôt, et ce n'est pas vraiment sur mon chemin, mais je vais vous déposer à votre arrêt… un taxi ici vous n'en trouverez pas de sitôt !" Je n'en revenais pas… Les Irlandais sont comme ça, toujours prêts à vous aider ou à vous dépanner !* »

IRLANDE

Superficie	70 273 km^2
Population	4 400 000 (estimation avril 2006)
Capitale	Dublin
Villes principales	Cork, Galway, Limerick, Waterford
Langues officielles	anglais et irlandais (gaélique)
Etat	république
Régime	démocratie parlementaire
Monnaie	euro
Fête nationale	17 mars (Saint-Patrick)
Croissance démographique	+ 0,8 % (le solde migratoire ne vient plus abonder ce chiffre)
Espérance de vie	77,3 ans pour les hommes ; 81,7 ans pour les femmes
Taux d'alphabétisation	99 %
Religions	catholiques (88,4 %), Eglise d'Irlande (y compris protestants 2,95 %), chrétiens (sans précision) 0,5 % presbytériens 0,5 %, musulmans 0,5 %, sans religion 3,5 %
Indice de développement humain (Source : classement ONU 2004)	4e
PIB (2008)	182 milliards d'euros (France : 1 710 milliards d'euros en 2005)
PIB par habitant (2008)	41 300 euros (France : 27 272 euros en 2005)
Taux de croissance 2009 (prévision)	- 7,5 %
Taux de chômage (2008)	8,4 %
Taux d'inflation (2008)	+ 3,1 %
Communauté française en Irlande	8 600 immatriculés ; total 25 000 (estimation)
Communauté irlandaise en France	15 000 (estimation)

1. Bien préparer son départ

Alors que l'Irlande étonnait il y a peu encore par son dynamisme économique, elle connaît actuellement une situation des plus incertaines. Malgré cela des opportunités de carrière y existent. Si les temps sont moroses, l'hospitalité des Irlandais est un facteur déterminant pour ceux qui choisissent de s'y installer de manière temporaire ou définitive. Une culture très riche et un mode de vie plutôt décontracté ont également de quoi séduire. La première chose à laquelle vous aurez sans doute à vous adapter est... la météo. Avec une moyenne annuelle de 1 400 heures d'ensoleillement (2 000 mille en France), le soleil n'est pas souvent au rendez-vous !

Ce qu'il faut savoir avant de partir

Le temps

Les Irlandais ont coutume de dire que, dans leur pays, on peut voir les quatre saisons dans la même journée. Il est vrai que la météo est très capricieuse ; les alternances de pluie et de soleil sont très fréquentes. L'Irlande bénéficie d'un climat océanique, doux et tempéré. Que ce soit sous forme de violentes averses ou de crachin brumeux, il pleut pratiquement tout au long de l'année et surtout entre novembre et mars. Comptez près de 200 jours de précipitations par an (environ 1 500 mm par an). Le mois d'octobre est le plus sec. En revanche, il neige rarement. Les températures descendent rarement en dessous de 0 °C en hiver et montent difficilement au-delà de 25 °C l'été. Elles sont comprises entre 5 °C et 8 °C en hiver, elles tournent autour de 10 °C en automne et au printemps et elles oscillent entre 15 °C et 20 °C en été. Le mois le plus agréable est le mois de juin, c'est le plus ensoleillé et le moins pluvieux de l'année ; le plus froid étant le mois de février. La côte ouest est la région la plus pluvieuse du pays. A titre indicatif, les températures à Dublin, sont comprises entre 2 °C et 8 °C en janvier et entre 11 °C et 19 °C en juillet. La température de la mer, elle, varie en fonction des régions. En août, elle est en moyenne de 15 °C dans le Nord-Est et autour de 17 °C dans le Sud-Ouest.

Les jours fériés

Les jours fériés se répartissent en deux catégories : les fêtes religieuses et les *bank holidays*.

• 1er janvier	*New Year's Day*
• 17 mars	*St Patrick's Day*
• Vendredi saint (mars ou avril)	*Good Friday*
• Lundi de Pâques (en avril)	*Easter Monday*
• Premier lundi de mai	*May Day*
• Premier lundi de juin	*Spring Holiday*
• Premier lundi d'août	*Summer Holiday*
• Dernier lundi d'octobre	*Halloween*
• 25 décembre	*Christmas Day*
• 26 décembre	*St Stephen's Day*

La Saint-Patrick est la fête nationale irlandaise, elle est tout autant célébrée par les Irlandais en Irlande que par la communauté irlandaise établie à l'étranger. Saint Patrick (395-461) est le saint patron de l'Irlande. De nombreuses parades sont organisées ce jour-là, la plus célèbre étant celle de New York ; elle réunit près de deux millions de spectateurs. Pour l'occasion, il est d'usage de porter du vert, la couleur emblématique de l'Irlande.

La nourriture et les traditions culinaires

La cuisine irlandaise est plutôt rustique et populaire. L'aliment incontournable est la pomme de terre. Les Irlandais sont également amateurs d'agneau et de saumon. Ce dernier compte parmi les meilleurs du monde ; les Irlandais l'apprécient grillé, mariné ou fumé. Les fruits de mer sont de plus en plus consommés, une des associations typiquement irlandaise est celle qui allie les huîtres à la *Guinness*. Vous pourrez vous faire une idée de cette cuisine dans les pubs qui servent souvent des plats traditionnels. Le plus typique d'entre eux est le *Irish stew*, un ragoût à base de mouton et de légumes tels les carottes, les oignons et les pommes de terre. On le laisse mijoter longtemps pour obtenir une viande tendre et fondante. La pomme de terre constitue la base de nombreux plats, de nombreuses variantes de purée existent aussi : le *colcannon* (pommes de terre, ail et chou), le *champ* (pommes de terre, œufs et oignons)... Autre spécialité irlandaise, le *soda bread*, un pain à base de farine complète, de lait ribot et de bicarbonate de soude. Vous

pouvez le déguster accompagné d'un fromage traditionnel irlandais comme le *Carrigbyrne*, le *Cashel Blue*, le *Durrus* ou le *Gubbeen*.
Concernant les boissons, les Irlandais sont de grands buveurs de thé, de bière et de whiskey. Difficile d'évoquer l'Irlande sans parler de la *Guinness*… elle en est le symbole par excellence. Bière brune (*stout*), originaire de Dublin, elle fait la réputation de l'Irlande à travers le monde. D'autres bières brunes rivalisent avec la *Guinness* : la *Murphy* et la *Beamish*, toutes deux produites à Cork. Les rousses ne sont pas en reste, avec la *Smithwick's*, brassée à Kilkenny. Autre production nationale incontournable : le whiskey. Trois régions y sont associées : Dublin, qui produit le *Jameson*, Cork, la patrie du *Midleton* et du *Paddy* et le comté d'Antrim (Irlande du Nord) pour le *Bushmills*. Tous ces whiskeys ont acquis une réputation mondiale. Remarquez l'orthographe du mot, le *whiskey* est irlandais, alors que le *whisky*, sans *e*, est écossais. Le whiskey irlandais se caractérise par, au minimum, une double distillation, il doit être distillé en Irlande et porté à maturation dans des fûts en bois, dans le pays également. Les amateurs de whiskey seront servis en Irlande. Les autres pourront toujours l'essayer dans des boissons et cocktails à base de whiskey, le plus célèbre étant l'*Irish-coffee*, alliant whiskey, café, sucre et crème fraîche.

L'argent et les banques

Depuis le 1er janvier 1999, la république d'Irlande fait partie de la zone euro et la livre irlandaise a été remplacée par l'euro le 1er janvier 2002, pas de problème de change ou de conversion, donc. L'Irlande du Nord, rattachée au Royaume-Uni, a pour monnaie la livre sterling. Vous trouverez de nombreux distributeurs de billets (*cash dispensers*) dans les villes. En revanche, ils sont plus rares dans les zones rurales. Les cartes de crédit internationales (American Express, MasterCard, Visa) sont acceptées quasiment partout.
Les banques sont en général ouvertes de 9 h 30 à 16 h 30 du lundi au vendredi, à l'exception du jeudi, où elles ferment à 17 h 00. Si vous décidez de vous installer en Irlande un certain temps, il sera alors préférable d'ouvrir un compte sur place. Pour cela, il vous faudra présenter un document avec photo prouvant votre identité (passeport, carte d'identité, permis de conduire) ainsi qu'un justificatif de domicile (quittance ou facture d'électricité par exemple).

Les moyens de communication

Le téléphone

Les cartes de téléphone prépayées sont très courantes en Irlande. Vous les trouverez notamment chez les buralistes (*newsagents*) et dans les bureaux de poste. Elles sont très pratiques et très largement utilisées, il faut dire que les cabines téléphoniques de l'opérateur national Eircom, de couleur bleu et blanc, sont très nombreuses. Le prix d'une communication locale depuis une cabine téléphonique est de 0,15 euro la minute.
L'Irlande dispose d'une très bonne couverture pour les réseaux de téléphones portables.
Pour appeler depuis l'étranger en république d'Irlande, vous devez composer le 00 353, puis le numéro local sans le 0. Pour joindre un correspondant en Irlande du Nord, composez, comme pour la Grande-Bretagne, le 00 44 suivi du numéro sans le 0. Pour appeler la France depuis l'Irlande, faites le 00 33 puis le numéro souhaité.
Le tarif réduit s'applique entre 18 heures et 8 heures en semaine et tout au long du week-end. Tous les numéros commençant par 1800 sont des numéros gratuits.

▶ **Quelques numéros spéciaux** :
• urgences : 112 ou 999 ;
• renseignements : 11850 ;
• renseignements internationaux : 114 ;
• si vous voulez appeler en PCV, composez le 114 et demandez à l'opérateur un *reverse charge call* en lui indiquant le pays et le numéro que vous souhaitez joindre.

Pour trouver un numéro de téléphone ou une adresse, consultez l'annuaire électronique *Golden Pages* : www.goldenpages.ie ou les pages blanches : www.eircomphonebook.ie

L'Internet

A travers tout le pays, de nombreux cybercafés proposent un accès à Internet. Les horaires d'ouverture sont souvent très larges, y compris le soir et le week-end. Les prix varient selon la région : autour de 3 euros l'heure de connexion à Dublin ou à Cork, entre 3 et 8 euros de l'heure dans les petites agglomérations. De plus en plus de B & B et d'*hostels* disposent d'une connexion Internet.

La poste

En fonction de la ville où vous le postez, le courrier met entre trois et quatorze jours pour arriver en Europe, selon la nature de l'envoi. Toujours pour cette destination, il vous en coûtera 0,75 euro pour une lettre ou une carte. En plus des bureaux de poste, vous pourrez vous procurer des timbres chez les buralistes et même dans certains supermarchés. Les bureaux de poste sont ouverts du lundi au vendredi, de 9 h 00 à 17 h 30 et le samedi, jusqu'à 12 h 30.

Le courant

Le courant est du 220 volts en république d'Irlande et 240 volts en Irlande du Nord. Selon les régions, vous trouverez des prises à deux fiches sans terre et des prises à trois fiches. Pensez à vous munir d'un adaptateur.

La santé

Les accords européens ont prévu un certain nombre de dispositions en matière de santé pour les ressortissants de l'Union européenne. Ils prévoient notamment la gratuité des soins en cas d'urgence. Dans tous les autres cas, une prise en charge totale ou partielle est possible sur présentation d'une pièce d'identité et de la carte européenne d'Assurance maladie.

Celle-ci remplace le formulaire E 111. Pour obtenir votre carte européenne d'Assurance maladie, adressez-vous à votre mutuelle étudiante ou à votre caisse d'Assurance Maladie au moins deux semaines avant votre départ. Si votre caisse d'Assurance maladie n'est pas en mesure de vous la fournir, vous aurez alors un certificat provisoire de remplacement, d'une durée de validité de 3 mois, qui s'utilise dans les mêmes conditions que la carte. Aucun document n'est à fournir lors de votre demande. Cette carte est valable un an. Cette demande peut être faite par téléphone au 3646 ou sur le site de l'Assurance maladie (www.ameli.fr).

Si vous êtes hospitalisé dans un hôpital public irlandais, vous ne paierez rien. Attention car seuls les soins médicalement nécessaires sont couverts. Si vous devez consulter un médecin, ou un spécialiste (dentiste...) ou être hospitalisé dans le privé, vous devrez avancer le montant des consultations, puis faire parvenir vos tickets à la Sécurité sociale qui devrait vous rembourser une partie des soins.

▶ **Pour en savoir plus**
Il existe de nombreuses assurances privées en Irlande. En voici quelques-unes :
- *Quinn Healthcare* : www.quinn-healthcare.com
- *VHI Healthcare* : www.vhi.ie
- *Vivas Health* : www.avivahealth.ie

Faites jouer la concurrence. N'hésitez pas à comparer les prix et les services entre les assurances irlandaises et françaises, pour trouver celle qui répond le mieux à vos attentes.

Enfin, l'ambassade de France en Irlande met à disposition une liste de praticiens francophones ou agréés, médecins généralistes, spécialistes et dentistes.

Les sources d'informations en France

Les organismes dispensant de l'information générale sur les études ou l'expatriation en Grande-Bretagne sont également de très bons relais pour l'Irlande. Que ce soit Source d'Europe, le CIDJ, le Naric, ils vous fourniront des renseignements utiles et des conseils pertinents. Pour ce qui est des organismes d'information spécialisés sur l'Irlande en France, voici les principaux.

L'ambassade d'Irlande

Représentation officielle de l'Irlande en France, vous y trouverez un tas d'informations sur la politique, l'économie, la culture… mais également tous les renseignements relatifs aux conditions de séjour et de résidence en Irlande, que ce soit pour y étudier, y travailler ou y investir. Elle est un interlocuteur incontournable pour tout ce qui concerne les formalités administratives préalables à tout séjour autre que touristique.

▶ **Contact**
Ambassade d'Irlande – 4, rue Rude – 75116 Paris.
Tél. : 01 44 17 67 00. Fax : 01 44 17 67 50.
Internet : www.embassyofireland.fr

Le centre culturel irlandais

Pour ceux qui souhaitent un avant-goût de la culture irlandaise, le centre culturel irlandais est un lieu tout indiqué. Une programmation très variée est proposée tout au long de l'année : pièces de théâtre, concerts, expositions, conférences... Le centre propose également des cours d'irlandais. Enfin une médiathèque et une bibliothèque sont ouvertes au public, en accès libre. Vous aurez la possibilité de commencer vos recherches sur l'Irlande quel que soit le domaine concerné tant le fonds est varié.

▶ Contact
Centre culturel irlandais – 5, rue des Irlandais – 75005 Paris.
Tél. : 01 58 52 10 30. Fax : 01 58 52 10 99.
Internet : www.centreculturelirlandais.com

La chambre de commerce et d'industrie franco-irlandaise

Incontournable pour tous ceux qui souhaitent investir en Irlande, la chambre de commerce franco-irlandaise peut aussi être utile à ceux qui envisagent plutôt de trouver un emploi dans ce pays. Elle dispense une information de qualité sur les relations économiques et commerciales entre la France et l'Irlande. Souvent payantes, certaines données sont néanmoins gratuites. Des rencontres et des manifestations sont régulièrement organisées, toujours dans le but de faciliter les investissements, de promouvoir et de développer les échanges commerciaux franco-irlandais.

▶ Contact
Chambre de commerce franco-irlandaise – 33, rue Miromesnil – 75008 Paris. Tél. : 01 70 70 23 71. Internet : www.franceirland.com

L'office national du tourisme irlandais

Pour des informations d'ordre général, des conseils pratiques pour l'organisation de votre voyage, des adresses, l'office du tourisme irlandais est une des meilleures sources de renseignements. Sur son site Internet, vous trouverez des informations détaillées sur les différentes régions irlandaises, une liste des nombreux festivals et événements culturels qui se déroulent tout au long de l'année à travers toute l'île, des idées de sites naturels ou culturels à découvrir et d'activités à pratiquer (pêche, plongée sous-marine, golf, équitation, randonnée…). A noter : les bureaux de l'office national du tourisme irlandais sont fermés au public, mais il est possible de joindre un conseiller par téléphone.

▶ **Contact**
Office national du tourisme irlandais – 33, rue Miromesnil – 75008 Paris. Tél. : 01 70 20 00 20.
Internet : www.discoverireland.com/fr

2. La vie au quotidien

L'immatriculation consulaire

En tant que résident français en Irlande, l'inscription au registre des Français de l'étranger n'est pas obligatoire, mais elle est vivement conseillée. Elle permet de vous identifier auprès de l'ambassade. Elle est en revanche indispensable dans le cas de certaines démarches administratives, comme l'obtention d'un passeport, d'une carte nationale d'identité ou d'une bourse d'études, par exemple. Gratuite, l'inscription est valable cinq ans. Les formalités sont très simples. Depuis peu, l'immatriculation entraîne une inscription automatique sur les listes électorales, sauf en cas de refus de votre part. Pour vous inscrire, il suffit de remplir un formulaire que vous pouvez télécharger sur le site de l'ambassade de France en Irlande et renvoyer par mail, par fax ou par courrier postal. Un certain nombre de documents sont également à fournir, en voici la liste :

- une copie du passeport ou de la carte nationale d'identité ;
- une copie intégrale de l'acte de naissance ;
- un justificatif de domicile (facture d'électricité, de téléphone...) ;
- une photographie d'identité récente ;
- l'attestation de participation à l'appel de préparation à la défense pour les personnes de 16 à 25 ans l'ayant accompli.

▶ Contact

Ambassade de France – Section consulaire – 36, Ailesbury Road – Dublin 4. Une permanence téléphonique est assurée de 14 h 00 à 15 h 30 au (01) 277 5042. Tél. : 00 3531 277 5000.

Les guichets de la section consulaire sont ouverts du lundi au vendredi, de 9 h 30 à 12 h. Pour les démarches administratives courantes, il n'est pas nécessaire de prendre rendez-vous.

Se loger en Irlande

En fonction de vos attentes et de vos moyens, différentes solutions d'hébergement s'offrent à vous. Ceux qui en ont les moyens et qui préfèrent leur indépendance opteront pour une location, meublée ou non. Les moins fortunés ou encore ceux qui souhaitent expérimenter la cohabitation, pourront s'orienter vers un appartement à partager ou une chambre dans des familles d'accueil. Les étudiants, eux, peuvent toujours tenter leur chance dans les résidences universitaires.

Louer un appartement

L'offre locative est importante, surtout dans les grandes agglomérations, mais les demandes sont également en hausse. Les locations meublées sont fréquentes.
Vous pouvez vous adresser aux agences immobilières (*estate agents*) locales dont vous trouverez les coordonnées dans l'annuaire (*golden pages*). Les journaux nationaux et régionaux publient des offres de logement, en location ou en colocation, ou même chez l'habitant, c'est notamment le cas du *Evening Herald* (www.herald.ie), du *Irish Independent* (www.independent.ie) et du *Irish Times* (www.www.irishtimes.com). Parmi d'autres, les sites Internet www.daft.ie ou encore www.myhome.ie recensent de nombreuses offres également. Autre source d'annonces possible, les centres commerciaux, qui affichent des offres de particuliers désireux de louer leurs biens.
Comme partout, les prix varient en fonction de la ville et du quartier. A titre indicatif, un deux-pièces à Dublin coûte entre 800 et 1 000 euros par mois. Pour un trois-pièces, comptez environ 1 500 euros. Les quartiers résidentiels les plus chers sont situés au sud du centre-ville. Une caution (*deposit*) équivalant à un mois de loyer est demandée à la signature du bail dont la durée est en général d'un an.

▶ **Pour en savoir plus** : pour vous renseigner sur vos droits et obligations en matière d'immobilier, consultez le site gouvernemental du *Public Service Information* : www.citizensinformation.ie

Pour faire installer le gaz et l'électricité, vous pouvez contacter :
• pour le gaz : *Irish Gas Board* (www.bordgais.ie) ;
• pour l'électricité : *Electricity Supply Board* (www.esb.ie).

La colocation

Pour ceux qui ont aimé *L'Auberge espagnole*, ils pourront s'adonner aux joies de la colocation ou *house sharing*, une option très développée en Irlande. Il faut dire qu'elle présente de nombreux avantages, à commencer par la réduction des frais de loyer et des charges, elle permet de se loger dans des espaces plus grands, de meilleure qualité. Elle est également l'occasion de rencontrer des jeunes d'horizons variés, et ainsi de découvrir des cultures et des mentalités différentes... Mais attention, il y a tout de même un revers à la médaille : cohabiter nécessite de faire des compromis et de mettre un peu de côté son indépendance et son intimité ; et c'est loin d'être un long fleuve tranquille tous les jours. Alors, un conseil, choisissez bien vos colocataires, définissez un minimum de normes communes dès le départ et faites toujours les choses dans les règles au niveau administratif et juridique.

▶ **Pour en savoir plus**

• pour plus de renseignements, contactez l'*Union of Students in Ireland* (www.usi.ie) ou l'*Irish Council for International Students* (www.icosirl.ie).

• un site Internet recense gratuitement les offres de colocation dans le monde, vous y trouverez des annonces pour l'Irlande : www.colotraq.com

Les résidences universitaires

Pour les étudiants, les résidences universitaires sont souvent une très bonne solution, elles présentent l'avantage d'être peu onéreuses et en général assez conviviales. Seule ombre au tableau : le nombre de places limité. Même si les universités réservent quelques chambres aux étudiants étrangers, cela ne suffit pas à couvrir la demande. Autant dire qu'il vaut mieux s'y prendre longtemps à l'avance... Il vous en coûtera environ 4 000 euros à l'année pour une chambre en résidence. Tout dépend de la ville dans laquelle vous vous trouverez et du type de chambre souhaité. A titre d'exemple, la Dublin City University propose des chambres individuelles dont le prix varie entre 4 165 euros et 4 680 euros à l'année, payables en deux versements.

Pour vous inscrire, contactez l'*Accommodation Office* ou le *Campus Residences Office* de l'établissement dans lequel vous souhaitez étudier. La plupart des universités mettent désormais les formulaires d'inscription en ligne, sur leurs sites Internet.

L'*Union of Students in Ireland* et l'*Irish Council for International Students* peuvent également vous conseiller dans vos démarches et vous orienter dans vos recherches.

Les Bed and Breakfast *(B & B) et auberges de jeunesse*

Moins chère qu'un hôtel classique, cette option est plutôt à retenir pour les premiers jours, voire les premières semaines de votre arrivée, le temps de trouver votre *sweet home* si ce n'est pas déjà le cas. Solution transitoire, elle permet de se loger à petit prix et de se familiariser avec la ville pour mieux choisir le quartier dans lequel on souhaite vivre ou plutôt celui où on ne veut absolument pas résider.
Les auberges de jeunesse (*hostels*) sont nombreuses sur l'île. Elles sont bon marché, et le confort et l'hygiène varient en fonction des établissements. Elles proposent généralement un hébergement en chambres collectives ou en dortoirs et disposent d'une cuisine collective ou d'une cafétéria. Les prix varient entre 10 euros et 30 euros la nuit, en fonction de la ville, des services proposés et du *standing* de l'établissement.

Les B & B sont très répandus en Irlande, ce sont des chambres chez l'habitant. Le prix comprend la location de la chambre et le petit déjeuner. Cette formule, à moindre coût, est très conviviale, elle offre l'avantage de découvrir la culture et le mode de vie des Irlandais et de ne pas se retrouver isolé quand on débarque. Il y aurait près de 2 260 B & B dans le pays.
Les prix sont très variables, ils dépendent de la ville, du quartier, de la saison, du niveau de confort et des prestations proposées. Comptez entre 30 euros et 80 euros par jour et par personne en B & B. Vous obtiendrez la liste des B & B et des auberges de jeunesse dans l'annuaire ou auprès de l'office de tourisme irlandais en France ou en Irlande.

▶ Contact
Office du tourisme irlandais (Fáilte Ireland) – Baggot Street Bridge – Baggot St – Dublin 2. Tél. : (00.353) 1 602 4000. Fax : (00.353) 1 602 4100. Internet : www.ireland.ie

Les moyens de transport

La voiture

Le réseau routier irlandais est dense mais saturé, d'où de nombreux encombrements. C'est particulièrement le cas à Dublin et Limerick. Les autoroutes et routes principales sont de qualité et bien entrete-

nues, ce qui est moins le cas pour les routes secondaires, bien souvent étroites et sinueuses.
La conduite se fait à gauche et la priorité est à droite. La ceinture est obligatoire à l'avant comme à l'arrière. La limitation de vitesse est fixée à 50 km/h en ville, 100 km/h sur les routes et 100 km/h sur les autoroutes. A titre indicatif, le prix d'un litre d'essence est en moyenne de 1,25 euro pour le sans-plomb et 1,15 euro pour le diesel (avril 2007). Les autorités irlandaises sont très strictes en ce qui concerne la conduite sous l'effet de l'alcool, elles veillent à faire appliquer le principe selon lequel celui qui conduit n'est pas celui qui boit.
Enfin, sachez qu'il existe une reconnaissance dans les pays de l'UE des permis de conduire délivrés par ses pays membres. Ainsi, les citoyens de l'UE s'établissant en Irlande ne sont plus obligés d'échanger leur permis de conduire national contre un permis irlandais dès leur entrée sur le territoire. Cependant certains préfèrent effectuer cette démarche. Le Département de la sécurité routière (RSA : *The Road Safety Authority*) peut rajouter des données supplémentaires sur le permis pour des raisons administratives. Si vous désirez faire échanger votre permis de conduire français, il suffit de se rendre dans un centre du *Motor Taxation Office*. Vous pouvez également le récupérer dans n'importe quel bureau de poste ou de police. Le permis est délivré pour une période limitée, son prix est fonction de la durée demandée : 5 euros pour 1 an, 15 euros pour 3 ans et 25 euros pour 10 ans.

▶ Contact
Motor Taxation Office – Dublin City Council – Block B – Blackhall Walk – Quenn Street – Dublin 7. Tél. : 1890 411 412.
E-mail : motortax@transport.ie

Les transports publics

Pour vos déplacements interurbains, le bus est encore le meilleur moyen, le plus répandu, le plus efficace et le plus économique. Bus Eireann (www.buseireann.ie) est la compagnie nationale, mais il existe également des compagnies locales privées de transport reliant les différentes agglomérations irlandaises.
En ville, les transports publics se résument bien souvent au bus. Le réseau est dense mais les prix pratiqués sont assez élevés. Il est préférable de se munir du montant exact (*exact fare*) du prix du ticket.

A Dublin, le moyen de transport le plus courant et le plus pratique est le bus. Le prix du billet est compris entre 0,85 euro et 1,75 euro en fonction du trajet et, là aussi, mieux vaut prévoir de la monnaie.

▶ **Pour en savoir plus** : vous obtiendrez tous les renseignements utiles sur le site www.dublinbus.ie

Le DART (*Dublin Area Rapid Train*) est l'équivalent du RER parisien. Il dessert trois stations dans Dublin même, autrement, il parcourt près de 40 km en longeant le pourtour de la baie de Dublin.
La capitale a aussi un tramway, le *Dublin Light Rail Tram System*, appelé plus communément *Luas* (terme irlandais qui signifie « rapide »). Deux lignes desservent la ville : la *Red Line*, qui comporte 23 arrêts, et la *Green Line*, qui en compte 13. Ces deux lignes n'ont pas d'arrêt commun.

Voici les tarifs (en euros) des titres de transport du *Luas* pour un adulte sur la *Red Line*. La *Green Line* est sensiblement plus chère. Des réductions sont prévues pour les enfants et pour les étudiants.

▶ **Pour en savoir plus** : pour obtenir un complément d'informations, vous pouvez consulter le site Internet www.luas.ie ou appeler le service de renseignements gratuit au 1 800 300 604.

Enfin, à la fois économique et écologique, le vélo est un bon moyen de circuler et de découvrir la ville. Dublin possède de nombreuses pistes cyclables ainsi que des places de stationnement assez bien placées.

3. Etudier en Irlande

De plus en plus d'étudiants français optent désormais pour la poursuite de leurs études en Irlande. Les programmes d'échanges européens, la réforme LMD (Licence, master, doctorat) ainsi que la qualité de l'enseignement supérieur irlandais sont quelques-uns des facteurs qui y contribuent.
Stephen, 22 ans, étudiant à Dublin, termine son année de licence 3 en information et communication.
« *J'ai choisi de partir un an en Irlande, d'abord pour améliorer mon anglais, mais aussi pour vivre une expérience différente, découvrir une autre culture, rencontrer des gens d'autres horizons… Et puis, les Irlandais sont très cool et très gentils, très accueillants. Ici, c'est une autre mentalité, les gens sortent beaucoup, surtout dans les pubs, font beaucoup la fête, c'est très convivial. Ce que je conseillerais aux Français qui arrivent, c'est de ne pas rester entre soi. Certains Français ont un côté un peu fainéant, quand ils sont plusieurs dans un groupe, ils ne font pas l'effort de parler anglais s'il y a des étrangers, contrairement aux Espagnols ou aux Allemands. Ça, ce n'est pas très bien, d'abord parce que ce n'est pas très poli et puis on est là pour apprendre, justement, alors il ne faut pas avoir peur de faire des fautes ou d'avoir un accent un peu nul, sinon, ça ne sert à rien ! Si on fait un minimum d'efforts, alors c'est une expérience unique, très enrichissante.* »

L'enseignement supérieur irlandais

L'enseignement supérieur en Irlande est de très bonne qualité. Il est constitué des universités, des instituts de technologie, des établissements de formation des instituteurs et enfin des collèges privés indépendants.
Les universités irlandaises, bien que financées par l'Etat, sont autonomes au plan pédagogique. Les diplômes, nationaux, sont délivrés par le *Department of Education and Science*. L'enseignement se fait en anglais mais des cours de Gaélique sont proposés dans de nombreux établissements supérieurs. Pour poursuivre ses études dans le supérieur, il faut être titulaire du *Leaving Certificate*, équivalent du baccalauréat français. D'autres conditions spécifiques peuvent être requises par les établissements. Les études supérieures en Irlande s'organisent autour des trois principaux diplômes qui sont : le

Bachelor's Degree (équivalent de la licence), le *Master's Degree* (équivalent du master depuis la nouvelle réforme LMD) et le *Doctorat* (doctorat).

▶ **Pour en savoir plus** : pour obtenir tous les renseignements nécessaires sur le système éducatif irlandais, rendez-vous sur le site du service d'information public suivant :
www.citizensinformation.ie/categories/education
Vous pouvez également consulter la base de données de l'enseignement supérieur pour trouver les cours qui vous intéressent : www.qualifax.ie

LA RÉFORME LMD

La réforme LMD (Licence, master, doctorat) a été mise en place dans les universités françaises au début des années deux mille. Elle concerne en fait l'ensemble des pays européens et vise à harmoniser les différents systèmes universitaires européens et permettre ainsi, entre autres, une meilleure mobilité des étudiants et des diplômés. Dans ce nouveau système, trois niveaux de sortie existent désormais. Les diplômes intermédiaires, comme le Deug et la maîtrise, disparaissent donc. L'année universitaire se décompose en semestres, comportant des UE (Unités d'enseignement) composées d'ECTS (*European Credit Transfer System*). Un semestre équivaut à 30 ECTS.

ANCIEN SYSTÈME	SYSTÈME LMD	
Deug (bac +2)	-	-
Licence (bac +3)	Licence ou *Bachelor* (bac +3)	180 crédits
Maîtrise (bac +4)	-	-
DEA/DESS (bac +5)	Master recherche/master professionnel (bac +5)	300 crédits
Doctorat (bac +8)	Doctorat (bac +8)	480 crédits

L'inscription

Pour s'inscrire dans un établissement supérieur public, les jeunes Irlandais doivent déposer leur candidature auprès du *Central Applications Office* (CAO). Ce bureau central des candidatures est installé à Galway et, comme son nom l'indique, il centralise l'ensemble des inscriptions dans tous les établissements du supérieur sur tout le territoire national. Cet organisme publie une brochure, réactualisée tous les ans, présentant l'intégralité des cours dispensés dans les établissements supérieurs. Les places dans les établissements sont attribuées en fonction des notes obtenues au *Leaving Certificate*. Certaines filières requièrent un nombre de points particulièrement élevé, c'est le cas des études de médecine vétérinaire, de dentaire et de droit.

Les étudiants étrangers, eux, doivent d'abord se renseigner directement auprès de l'établissement dans lequel ils souhaitent s'inscrire pour vérifier si leurs qualifications leur permettent de s'y inscrire. Ensuite, seulement, ils peuvent envisager une inscription. Sachez d'ores et déjà que, quels que soient votre niveau et votre formation, on vous demandera un niveau de connaissance minimum de la langue anglaise. Les cours étant tous dispensés en anglais, les établissements veulent s'assurer avant de vous inscrire que vous serez bien en mesure de suivre la formation. On vous demandera pour cela un niveau bien défini, concrètement de justifier d'un score minimum à l'un des tests d'anglais officiels (IELTS, TOEFL, *Irish Leaving Certificate English, University of Cambridge Local Examinations Syndicate Certificate of Proficiency in English, University of Cambridge Local Examinations, Syndicate Certificate of Advanced English*...). Les universités fixent elles-mêmes le score en dessous duquel elles n'acceptent pas d'inscription. Renseignez-vous donc directement auprès d'elles.

Pour vous inscrire auprès du CAO, vous devez au préalable remplir le formulaire prévu à cet effet délivré par cet organisme. La date limite d'inscription est fixée au 1er février pour les étudiants de l'Union européenne. Un délai supplémentaire est accordé jusqu'au 1er mai, il entraîne cependant le paiement d'une pénalité de retard. Les étudiants ne résidant pas au sein de l'Union européenne doivent en revanche postuler avant le 15 décembre de l'année précédant la rentrée universitaire. Enfin, les étudiants qui souhaitent s'inscrire en second cycle effectuent leur demande directement auprès de l'établissement supérieur souhaité, en contactant pour cela le bureau des inscriptions.

Pour obtenir plus de renseignements, vous pouvez contacter le CAO.

▶ Contact

Central Admissions Office – Tower House – Eglinton Street – Galway.
Tél. : 00 353 (0) 91 509 800. Fax : 00 353 (0) 91 562 344.
Internet : www.cao.ie

Le coût

L'enseignement supérieur dans les établissements publics agréés est gratuit. Il n'y a donc pas de frais de scolarité à verser. On peut cependant vous demander des frais de dossier, d'inscription ou d'examens dont le montant est en général assez faible. En revanche, si vous optez pour l'enseignement supérieur privé, les prix varient en fonction de l'établissement de 0 à 20 000 euros pour une année scolaire. Cependant il est important de souligner les difficultés financières de certaines structures qui envisagent d'augmenter les coûts.

Au-delà du 1er cycle, tous les étudiants (qu'ils soient irlandais, ressortissants de l'UE et autres) poursuivant des études *postgraduate* paient le coût réel des études, qui peut être très élevé.

En dépit des difficultés budgétaires qui commencent à affecter les établissements, les autorités irlandaises montrent une réelle volonté de développer une coopération avec les équipes françaises.

Pour ce qui est des aides financières, les bourses d'études sont attribuées par le ministère de l'Education, sur critères sociaux. Du fait des accords intracommunautaires, les étudiants européens peuvent postuler sous certaines conditions.

▶ Contact

Student Support Section – Department of Education and Science – Portlaoise Road Tullamore – Co. Offaly – Ireland.
Tél. : 00 353 506 21363. Fax : 00 353 506 51340.
Internet : www.irlgov.ie/educ

QUELQUES CHIFFRES

Nombre d'étudiants irlandais	171 000 (2006-2007)
Un repas complet au restaurant universitaire	environ 6 euros

Viviane R., professeur d'anglais à l'IUT du Havre en génie civil et information et communication, est responsable des programmes d'échanges pour ses étudiants, notamment en Ecosse et en Irlande. « *Les étudiants sont sélectionnés de manière collégiale au niveau du département. Les critères retenus sont multiples. La motivation du candidat, son comportement durant ses études, ses absences, tout cela est pris en compte. Les étudiants qui postulent ne partent pas pour faire la fête, ils doivent être motivés et savoir qu'ils représentent leur institut d'origine et plus largement la France. On attend d'eux qu'ils se comportent bien sur place, qu'ils respectent les règles de vie sur le campus de l'université d'accueil tout comme la culture locale. Avant de partir, ils signent un cahier des charges qui les engage moralement. Les étudiants retenus sont donc ceux qui sont sérieux, motivés et respectueux. Le dossier scolaire a également son importance. Le but premier d'un tel échange n'est pas de se perfectionner en langue, même si c'est un avantage "collatéral" certain ; les étudiants partent avant tout pour poursuivre un cursus universitaire et suivre des cours dans leur domaine d'études. Je recommande aux étudiants de ne pas rester entre Français durant leur séjour. Il est préférable de partager un logement avec des locaux ou alors avec des jeunes d'autres pays. Un bon moyen de s'intégrer et de pratiquer l'anglais est de s'inscrire à des associations et clubs locaux, qui proposent des activités sportives ou culturelles. En somme, je leur conseille de s'immerger au maximum dans la culture locale au lieu d'aller à la facilité et de rester entre Français, sans trop faire d'efforts. Une telle expérience est très enrichissante à plusieurs titres. D'abord, au niveau de la langue, pour peu que les étudiants fassent un minimum d'efforts. Ensuite, pour leur CV, s'ils veulent poursuivre dans une école d'ingénieurs par exemple, c'est un plus incontestable et au-delà, au niveau professionnel. Enfin, au plan humain et intellectuel, c'est une ouverture d'esprit certaine.* »

Les universités irlandaises

L'Irlande compte sept universités :
- *University College Dublin* (UCD - NUI) ;
- *University College Cork* (UCC - NUI) ;
- *University College Galway* (UCG - NUI) ;
- *University College Maynooth* (UCM - NUI) ;
- *Dublin City University* (DCU) ;
- *Trinity College Dublin* (TCD) ;
- *University of Limerick* (UL).

En fait, les quatre premières font partie d'une même université, la *National University of Ireland* (NUI). Celle-ci intègre également deux autres institutions : le *National College of Art and Design* et le *Royal College of Surgeons in Ireland.*

University College Dublin **(UCD)**

Sa fondation remonte à 1851. A cette époque, elle s'appelait *Catholic University of Ireland* du fait de sa création en opposition à l'anglicane *Trinity College*, qui n'admettait au départ que des jeunes gens protestants. Aujourd'hui, c'est une université autonome qui fait partie du réseau de la *National University of Ireland.* Son campus est situé à 5 km au sud du centre de la capitale irlandaise. Si *Trinity College* est la plus ancienne et la plus illustre, *University College of Dublin* est la plus grande université du pays. Elle admet près de 22 000 étudiants chaque année, dont 3 350 étrangers. En outre, l'université peut loger jusqu'à 2 000 élèves. Elle propose un grand nombre de disciplines réparties dans ses différentes facultés : faculté d'arts et d'études celtes (archéologie, histoire de l'art, littérature, langues, musique...), faculté de droit, faculté d'ingénierie, mathématiques et sciences physiques (architecture, informatique, électronique, mathématiques, physique...), faculté de sciences humaines (sociologie, économie, géographie, sciences politiques, psychologie...), faculté de sciences de la vie (biologie, chimie, médecine...).
Pour les amateurs de foot, sachez que son équipe de football évolue en première division dans le championnat irlandais. Ceux qui préfèrent la littérature apprendront bien vite que James Joyce y fit ses études.

▶ **Contacts**
• UCD – Belfield – Dublin 4 – Ireland. Tél. : 00 353 1 716 7777.
Internet : www.ucd.ie
• The International Office – Michael Tierney Building – University College Dublin – Belfield – Dublin 4. Tél. : 00 353 1 716 1701.
Fax : 00 353 1 716 1165. E-mail : international@ucd.ie

University College Cork **(UCC)**

Fondée en 1845, l'*University College Cork* est une des plus anciennes institutions irlandaises. Elle fait partie de la *National University of Ireland*. Elle accueille aujourd'hui environ 17 500 étudiants dont 2 400 étudiants étrangers originaires de plus d'une soixantaine de pays. L'université de Cork est composée de sept facultés, qui regroupent 27 départements et proposent plus de 120 diplômes. Ces sept facultés sont : arts et études celtes, commerce, ingénierie, technologie, droit, sciences, médecine et santé. Pour ce qui est des activités hors études, l'université ne compte pas moins de 114 clubs et associations d'étudiants. Enfin, elle dispose de sa propre radio, *Campus Radio* (98.3 FM) et de son propre journal, *The University Express*. En 2004, l'acteur Pierce Brosnan s'est vu décerner un prix honorifique par l'UCC.

▶ **Contact**
University College Cork – Cork. Tél. : 00 353 21 490 3000.
Internet : www.ucc.ie

University College, Galway **(UCG)**

L'université de Galway remonte à 1845. Elle est située près du centre-ville. Elle comptait 91 étudiants en 1849… ils sont plus de 16 000 aujourd'hui, parmi lesquels 1 500 étrangers, originaires d'une cinquantaine de pays. Pluridisciplinaire, l'université de Galway est structurée en cinq collèges : arts, sciences sociales et études celtes, commerce, politiques publiques et droit, ingénierie et informatique, médecine et santé, et sciences.
Avec ses quelque 140 clubs et associations, le campus offre une vie sociale et extrascolaire très développée : karaté, kayak, judo, informatique, histoire, théâtre, cinéma… vous n'aurez que l'embarras du choix.
Pour l'anecdote, l'acteur américain Martin Sheen, de mère irlandaise, n'ayant jamais fait d'études supérieures, s'est inscrit à l'université de Galway à la rentrée 2006.

▶ **Contacts**
• National University of Ireland – University Road – Galway – Ireland. Tél. : 00 353 (0) 91 524411. Internet : www.nuigalway.ie
• International Affairs Office – National University of Ireland – Galway – 7 Distillery Road – Galway – Ireland. Tél. : 00 353 (0) 91 495 277. Fax : 00 353 (0) 91 495 551. E-mail : international@nuigalway.ie

University College, Maynooth **(UCM)**

Créée en 1997, l'université de Maynooth puise en fait ses origines en 1795, date de la fondation de *Saint Patrick's College*, dont elle est issue. C'est la plus petite des universités irlandaises. Située dans le comté de Kildare, à 25 km à l'ouest de Dublin, elle accueille environ 8 400 étudiants et une vingtaine de nationalités s'y côtoient. Elle dispense des enseignements dans de nombreuses disciplines (anthropologie, sociologie, sciences politiques, psychologie, finance, communication, musique, biologie, mathématiques, informatique…) à travers ses trois facultés : la faculté d'arts, de philosophie et d'études celtes, la faculté de sciences et d'ingénierie, et faculté de sciences. Certaines matières sont enseignées en anglais et en gaélique également.

▶ **Contacts**
• National University of Ireland, Maynooth – Co. Kildare – Ireland. Tél. : 00 353 1 7086000. Fax : 00 353 1 6289063.
Internet : www.nuim.ie E-mail : admissions@nuim.ie
• International Office. Tél. : 00 353 1 708 6230.
E-mail : xinyu.wu@nuim.ie

Dublin City University **(DCU)**

Créée en 1980, cette jeune université est située en centre-ville, dans le quartier de Glasnevin de Dublin. Pluridisciplinaire, elle propose près de 80 programmes d'enseignement qui se répartissent en quatre pôles : économie à la *DCU Business School*, ingénierie et informatique à la *Faculty of engineering and computing*, lettres et sciences humaines à la *Faculty of humanities and social sciences* et sciences et santé à la *Faculty of science and health*. Un programme d'enseignement à distance est également disponible, c'est le *Oscail*. L'université accueille quelque 11 000 étudiants dont 951 pour le programme *Oscail*.
Une des conditions pour s'inscrire à la DCU est la compétence linguistique. Une preuve de votre capacité à suivre un enseignement

en anglais vous sera demandée. Une connaissance standard est requise, qui est évaluée par les tests référence d'anglais disponibles à l'heure actuelle. On vous demandera, en fonction du test, un niveau minimum requis, défini par un score minimum. Par exemple :

- IELTS : 6,5 avec pas moins de 6 dans chaque composante ;
- TOEFL : 213 pour le test informatique et 550 pour le test papier ;
- *Irish Leaving Certificate English* : Ordinary Level *Grade D* ;
- *Cambridge Certificate of Proficiency in English* : *Grade C* ;
- *Cambridge Certificate of Advanced English* : *Grade B.*

Les étudiants étrangers sont invités à prendre contact avec le bureau international.

▶ **Pour en savoir plus** : International Office.
Heures d'ouverture : du lundi au vendredi, de 9 h 30 à 12 h 30 et de 14 h 00 à 17 h 00. Le mercredi, de 9 h 30 à 12 h 30.
Tél. . 00 353 1 700 7411. Fax : 00353 1 700 8698.
E-mail : international.office@dcu.ie

▶ **Contact**
Dublin City University – Dublin 9 – Ireland. Tél. : 00 353 1 700 55 66.
E-mail : registry@dcu.ie Internet : www.dcu.ie/contact.shtml

Trinity College Dublin **(TCD)**

Fondée en 1592 par la reine Elisabeth 1er, *Trinity College* est la plus ancienne université irlandaise. C'est aussi une des plus illustres et des plus sélectives ; elle se classe parmi les meilleures institutions mondiales. L'université s'est développée au fil du temps, les nouvelles constructions côtoient les vieux bâtiments historiques qui attirent d'ailleurs de nombreux touristes, notamment le campanile et la bibliothèque qui renferme le fameux Livre de Kells (*Book of Kells*), un trésor du Moyen Age.
Trinity College accueille près de 16 000 étudiants (2008-2009), qui se répartissent dans les trois facultés existantes : faculté d'arts et sciences humaines (commerce, droit, psychologie, philosophie…), faculté d'ingénierie, mathématiques et sciences (chimie, biochimie, sciences naturelles…) et faculté de sciences médicales (école dentaire, médecine, pharmacie…). De nombreuses associations rythment la vie sur le campus. Les deux associations emblématiques sont *the Hist* (*Historical Society*) et *the Phil* (*Philosophical Society*), elles seraient même les premières associations d'étudiants au

monde… Quoi qu'il en soit, des noms illustres y sont associés : les écrivains Bram Stoker, Oscar Wilde, Jonathan Swift, Samuel Beckett, le philosophe George Berkeley, Ernest Walton (prix Nobel de physique en 1951) et d'autres encore.
Trinity College entretient des relations de partenariat avec de nombreuses institutions dans le monde, et notamment avec des établissements d'enseignement supérieur français (ESC de Rouen, ESSEC, IEP de Paris, INSA Lyon…).

▶ Contact
Trinity College Dublin – College Green – Dublin 2.
Tél. : 00 353 1 896 1000. Internet : www.tcd.ie

University of Limerick **(UL)**

En 1972, l'Institut national pour l'éducation supérieure voit le jour. Il obtiendra le statut d'université en 1989 et deviendra ainsi l'université de Limerick. Elle est située à près de 5 km du centre-ville. Elle est composée de quatre facultés : faculté d'arts et sciences humaines, école de commerce Kemmy, faculté d'éducation et de sciences médicales, faculté d'arts et sciences sociales, et faculté de science et d'ingénierie.
La vie sociale sur place est très développée. Les quelque 12 000 étudiants que compte l'université ne risquent pas de s'ennuyer. Il faut dire que le campus de l'université de Limerick offre de nombreuses possibilités : des laboratoires de langues, des espaces multimédias, des installations sportives dans le plus grand centre de sport universitaire du pays qui comprend notamment une piscine de 50 mètres, des concerts gratuits au *Irish World Academy of Music and Dance*, une salle de spectacles, plusieurs associations d'étudiants proposant de multiples activités (voile, danse, théâtre, histoire, photographie…), des restaurants et des cafétérias, etc.

▶ Contacts
• University of Limerick – Plassey – Limerick.
Tél. : 00 353 (0) 61 202 700. Fax : 00 353 (0) 61 330 316.
Internet : www.ul.ie
• International Education Division – University of Limerick.
Tél. : 00 353 61 202 414. Fax : 00 353 61 213 062.

Les instituts de technologie (***Regional Technical Colleges***)

Ils sont au nombre de 14 et sont répartis sur l'ensemble du territoire. Ils proposent des enseignements, notamment en ingénierie, en informatique, en commerce, en sciences, et en restauration également. Ils délivrent un diplôme ou certificat national.
Le plus important d'entre eux est le *Dublin Institute of Technology* (DIT). Plus de 22 000 étudiants y sont inscrits, ainsi que 1 000 étudiants étrangers.

- *Athlone Institute of Technology* (www.ait.ie)
- *Cork Institute of Technology* (www.cit.ie)
- *Dublin Institute of Technology* (www.dit.ie)
- *Dun Laoghaire Institute of Art, Design and Technology* (www.iadt.ie)
- *Dundalk Institute of Technology* (www.dkit.ie)
- *Galway-Mayo Institute of Technology* (www.gmit.ie)
- *Institute of Technology*, Blanchardstown (www.itb.ie)
- *Institute of Technology*, Carlow (www.itcarlow.ie)
- *Institute of Technology*, Sligo (www.itsligo.ie)
- *Institute of Technology*, Tallaght (www.it-tallaght.ie)
- *Institute of Technology*, Tralee (www.ittralee.ie)
- *Letterkenny Institute of Technology* (www.lyit.ie)
- *Limerick Institute of Technology* (www.lit.ie)
- *Waterford Institute of Technology* (www.wit.ie)

Les établissements d'enseignement supérieur privés sont payants, ils dispensent principalement un enseignement commercial et technique. Certains d'entre eux sont affiliés à des universités et proposent une qualification accréditée en conséquence. Il est vivement conseillé de se renseigner sur l'accréditation éventuelle avant toute inscription.

Hélène Conway est chef du département des langues du *Dublin Institute of Technology* (DIT) : « *Aux étudiants qui envisagent de venir en Irlande, je conseille tout d'abord de faire un effort pour améliorer leur niveau d'anglais avant de partir, de se mettre à niveau, cela pour ne pas perdre de temps et pour profiter tout de suite du premier semestre. Et puis, ils ont également besoin d'un minimum de connaissances en langue, ne serait-ce que pour vivre au quotidien, trouver un logement par exemple, mais aussi pour s'intégrer plus vite et plus facilement. Ensuite, je leur dirais de bien préparer leur arrivée. Les logements sont très chers à Dublin, il y a également les jeunes Irlandais de la province qui viennent y étudier… Il ne faut pas s'y prendre au dernier moment.*

La vie est chère à Dublin et il y a une vie sociale très importante, centrée sur les pubs et les parties. Les Irlandais sont des gens gais, très fêtards, qui aiment la vie ; les Français sont pris dans cet enthousiasme, cette joie de vivre… mais pour pouvoir sortir et en profiter, beaucoup d'étudiants travaillent en parallèle de leurs études. Au DIT, les étudiants sont pris en main par des coordinateurs qui les aident, on leur attribue un e-mail, on les prend en charge, ils bénéficient d'un suivi individualisé. Et puis il y a une grande solidarité entre les étudiants et aussi avec les enseignants. Un jour, un étudiant allemand qui n'était pas très bien voulait rentrer en Allemagne. Un professeur est venu le voir, un samedi, et lui a proposé de déjeuner avec lui pour discuter et voir comment l'aider. En fait, avec un peu de préparation et de bonne volonté, il n'y a aucun problème pour s'intégrer. Dans tous les cas, cette expérience est vraiment positive. Elle fait du bien aux jeunes. Ils se frottent à la vie, deviennent plus matures et en reviennent changés. »

4. Travailler en Irlande

Les économistes ont baptisé l'Irlande le « tigre celtique ». Il faut dire que, durant plusieurs années, ce pays a connu un développement économique sans précédent, un des plus dynamiques d'Europe. En moins de dix ans, entre 1993 et 2000, son économie a augmenté de près de 80 %. Il enregistrait une croissance de 10,7 % en 2000, la plus rapide de l'ensemble des pays de l'OCDE (Organisation de coopération et de développement économique).
Mais la crise financière mondiale n'a pas épargné l'île, détériorant profondément son marché du travail en 2009. Son taux de chômage, relativement bas, a doublé, frôlant les 12 %. Les licenciements économiques se sont multipliés et une reprise n'est pas prévue avant 2010. Malgré la situation délicate dans laquelle se trouve l'Irlande des pénuries de compétence ont été constatées dans des secteurs bien ciblés tels que l'informatique, les sciences, le secteur commercial, la santé, la comptabilité, l'ingénierie et la gestion.

Irlande : quelles opportunités pour les Français ?

En pleine expansion économique depuis la deuxième moitié des années quatre-vingt-dix, l'Irlande a attiré pendant de nombreuses années les étrangers et tout spécialement des Français. Mais la crise économique et financière a marqué brutalement l'arrêt de cette période d'or. Elle est beaucoup plus forte en Irlande que dans la plupart de l'UE. Alors que le taux de chômage du pays figurait parmi les plus faibles d'Europe, il a aujourd'hui littéralement explosé : il frôlait les 12 % en 2009, et les prévisions indiquent qu'il pourrait atteindre les 14 % en 2010, avant de fléchir quelque peu en 2011 (OCDE). Son taux de croissance a quant à lui chuté, mais devrait atteindre les 1,3 % en 2010.
Des mesures drastiques ont été prises afin de sortir le pays de cette situation. Comme le précise Dermot Ahern, membre du gouvernement, dans une interview accordée à *Challenges* mi-mars 2010, *« nous avons réduit les salaires dans la fonction publique, les baissant de 7,3 % pour les postes les moins qualifiés, et de 20 % pour les ministres et les ambassadeurs. Nous songeons aussi à utiliser le levier de la fiscalité, en instaurant de nouveaux impôts (comme l'impôt sur la résidence secondaire que nous venons de mettre en place) ou en*

mettant davantage de contribuables à contribution. Mais je précise qu'en aucun cas nous ne toucherons au taux de l'impôt sur les sociétés, qui est maintenu à 12,5 %, le plus bas d'Europe ». Cette affirmation en dit long sur les ambitions de l'Eire qui, malgré ses difficultés, souhaite continuer à attirer les investisseurs.
Au niveau commercial, la France est le 5e client et le 5e fournisseur de l'Irlande (1er semestre 2009). L'investissement français en Irlande se poursuit dans les services financiers, les hautes technologies ainsi que les services collectifs (environnement, énergie) ; il se contracte en revanche dans les industries classiques.

▶ Pour en savoir plus

Vous trouverez plus de renseignements auprès des chambres de commerce :
- Le portail des chambres de commerce et d'industrie : www.cci.fr
- L'assemblée des chambres françaises de commerce et d'Industrie : www.acfci.cci.fr
- La chambre de commerce franco-irlandaise : www.franceireland.com

Les Français en Irlande

Les Français inscrits auprès des autorités françaises en Irlande étaient 8 651 en 2009 (source : MFE). Si ce chiffre peut paraître faible, il est en fait en augmentation constante ; il a en effet été multiplié par près de 4,5 par rapport à 1995 (1 986 Français enregistrés). De plus, si l'on ajoute les Français non-inscrits, ce sont plus de 15 000 personnes qui vivent et travaillent en Irlande. Plutôt jeunes dans l'ensemble, elles sont concentrées dans la région de Dublin. Elles exercent essentiellement dans le secteur tertiaire, l'informatique et l'hôtellerie.

L'ASSOCIATION DES FRANÇAIS D'IRLANDE (AFI)

Créée en 1966 sous la présidence de l'ambassadeur de France, elle a pour mission de faciliter et de développer les relations entre Français, Irlandais et plus largement entre les francophones et francophiles. Pour cela, elle organise des rencontres culturelles, gastronomiques, sportives et musicales, ainsi que des visites guidées pour mieux découvrir l'Irlande.

▶ **Contact**
Association des amis de la France en Irlande – c/o Nathema – Emassy House – Herbert Park Lane – Dublin 4.

La recherche d'emploi

Comment postuler ?

Tout d'abord, sachez que les deux éléments fondamentaux dans votre recherche d'emploi, en dehors de vos propres compétences et qualifications, sont votre motivation et votre niveau d'anglais, celui-ci étant bien sûr fonction du poste souhaité.
Que ce soit pour répondre à une annonce ou pour envoyer une candidature spontanée, les deux documents à produire sont le CV et la lettre de motivation. Ils s'établissent sur le même modèle que les documents anglais.

Le CV est dactylographié, sur deux pages maximum, et il peut être chronologique ou antichronologique. Un certain nombre de rubriques le composent :
• les données personnelles (*personal details*) ;
• la formation (*education details*) ;
• l'expérience professionnelle (*employment history*) ;
• les compétences linguistiques et informatiques (*languages and other skills*) ;
• les centres d'intérêt (*additional information* ou *interests*) ;
• les références (*references* ou *referees*).
Les références sont très importantes pour les employeurs irlandais qui n'hésitent pas à contacter les personnes mentionnées pour se renseigner sur le candidat.

La lettre de motivation est dactylographiée, les Anglo-Saxons n'utilisant pas les tests graphologiques. A moins d'avoir le nom du recruteur, le courrier est adressé au *Recruiting Manager* ou au *Human Resource Manager*. La lettre de motivation doit être soignée, concise et claire, et surtout bien exposer vos motivations ainsi que vos compétences et qualités pour le poste visé. Elle s'articule en général en quatre points principaux, qui vous conduisent à :
• mentionner le poste pour lequel vous postulez et dire comment vous en avez entendu parler ;

• indiquer vos qualifications et expériences principales, sans répéter le CV mais en choisissant d'en extraire les éléments clefs, les plus parlants ;
• mettre en avant vos points forts, en donnant des exemples concrets de réalisations positives, de résultats obtenus... ;
• solliciter un entretien.

Il est important de faire un réel suivi de sa candidature. Concrètement, cela se traduit par une relance téléphonique dans un délai d'une semaine environ après l'envoi de votre courrier. Cette démarche, loin d'agacer les recruteurs, montre au contraire votre détermination pour le poste ainsi que votre tempérament actif, entreprenant, autant de qualités appréciées en entreprise et qui augmenteront vos chances de décrocher un entretien.

Comment procéder ?

Différentes pistes s'offrent à vous si vous cherchez du travail en Irlande. Petites annonces dans la presse, nationale et régionale ou sur Internet, agences de recrutement privées, bureaux d'aide à l'emploi, réseau relationnel... il est de toute façon conseillé d'exploiter plusieurs sources pour multiplier vos chances de trouver le poste le plus intéressant pour vous, dans les meilleurs délais.

Les sites Internet

Les sites généralistes
• www.bestjobs.ie
• www.exp.ie
• www.irishjobs.ie
• www.jobinireland.com
• www.jobs.ie
• www.monster.ie
• www.nixers.com
• www.osborne.ie
• www.recruitireland.com

Les sites spécialisés

• www.csr.ie	(comptabilité, informatique, secrétariat, service clientèle, ressources humaines, télécommunications)
• www.hoteljobs.ie	(hôtellerie)

• www.jobfinder.ie	(comptabilité, finance, éducation, santé, secteur public)
• www.rescon.ie	(commerce, finance, *marketing*, vente)
• www.nrc.ie	(bâtiment et construction)

La presse irlandaise

• *Business and Finance*	www.businessandfinance.ie
• *Evening Herald*	www.herald.ie
• *The Irish Echo*	www.irishecho.com
• *Irish Examiner*	www.examiner.ie
• *Irish Independent*	www.independent.ie
• *Irish Times*	www.irishtimes.com
• *The Sunday Business Post*	www.sbpost.ie

Les agences

Le FAS

Le FAS, (*Foras Aiseanna Saothair – Training and Employment Authority*), office de la formation et de l'emploi, est l'équivalent de l'ANPE. Ses agences et centres de formation, présents à travers tout le pays, accueillent, renseignent et aident les Irlandais et les étrangers en recherche d'emploi. On peut y consulter des offres d'emploi ou encore se faire assister pour la rédaction de son CV et de sa lettre de motivation. Pour bénéficier de ce soutien gratuit, il suffit de s'inscrire dans une des agences du FAS. On vous demandera simplement de vous enregistrer au préalable auprès du *Department of Justice*.

▶ Contact
FAS (Foras Aiseanna Saothair) – PO Box 456 – 27-33, Upper Baggot St – Dublin 4. Tél. : 00 353 (1) 60 70 500. Internet : www.fas.ie

Les agences privées

Très importantes en Irlande, elles ont souvent l'exclusivité sur certaines offres et sont chargées de présélectionner les candidats. Contactez plutôt celles qui ont une licence d'Etat, gage de sérieux et de professionnalisme. Vous en trouverez la liste auprès du *Employment Agency Section, Department of Enterprise and Employment* (www.entemp.ie). Les grandes enseignes, comme Adecco (www.adecco.ie) ou Manpower (www.manpower.ie), sont également présentent en Irlande. Les coordonnées des agences près de chez vous figurent également dans l'annuaire *Golden Pages* (www.goldenpages.ie) à la rubrique *Employment Agencies* ou *Personnel Consultants.*

▶ **Contact**

Employment Agency Section – Department of Enterprise and Employment – Davitt House – 65a, Adelaide Road – Dublin 2.
Tél. : 00 353 (1) 6313131. Fax : 00 353 (1) 631 3329.
Internet : www.entemp.ie E-mail : erinfo@entemp.ie

Approach People Recruitment

C'est une agence privée spécialisée dans le recrutement de Français en Irlande. L'avantage est que vous êtes pris en charge par des conseillers bilingues, qui connaissent à la fois la culture française et la culture irlandaise.

▶ **Contact**

Approach People Recruitment – Quantum House – Temple Road – Blackrock – Co. Dublin. Tél. : France : 0820 29 20 12 – Irlande : 00 353 (0) 12 12 30 30. Fax : 00 353 (0) 12 12 30 66.
Internet : www.approachpeople.com
E-mail : info@approachpeople.com

Iknowresource : *innovation at work*

Iknowresource est une agence de recrutement créée en 2006 et implantée à Dublin. Elle propose des offres d'emploi au plan national et international et ce dans différents secteurs d'activités innovants. Certains métiers sont particulièrement recherchés : les métiers scientifiques et techniques (biotechnologies, pharmacie-chimie, etc.) ; les métiers de l'ingénierie, des technologies de l'information et des méthodes ; les métiers d'encadrement du changement et de l'innovation ou encore les métiers liés au management de l'innovation (marketing, vente, gestion de projet). La spécificité de l'agence réside dans la sélection de profils compétents et compétitifs, certes, mais bénéficiant de surcroît d'une qualité essentielle : l'innovation.
L'agence apporte également aux entreprises ses compétences en matière de stratégies RH et son savoir-faire grâce à des outils *Learning & Development* performants.

▶ **Contact**
Iknowresource. Embassy House, Herbert Park Lane, Dublin 4.
Tél. : 00 353 1 667 3814. Fax : 00 353 1 667 4171.
Internet : www.iknowresource.ie E-mail : info@iknowresource.ie

Enfin, comme partout, faites jouer votre réseau relationnel, professionnel et personnel, et n'oubliez pas de consulter les sites des entreprises susceptibles de vous intéresser. Elles mettent de plus en plus leurs offres directement sur leurs propres sites et encouragent également les candidatures spontanées en ligne.

Le droit du travail

Au regard du droit du travail, les ressortissants de l'Union européenne bénéficient des mêmes droits que les citoyens Irlandais.

Le contrat de travail

Le droit du travail irlandais s'appuie tout particulièrement sur deux textes juridiques principaux, la loi de 1994 et celle de 2001.

▶ **Pour en savoir plus** : vous trouverez tous les détails sur le site du service public irlandais, www.citizeninformation.ie

Concernant le contrat de travail, la loi précise que tout salarié doit recevoir un contrat de travail écrit stipulant les conditions d'emploi. Ce document doit lui être adressé dans les deux mois suivant son entrée en fonction. Il doit également faire état d'un certain nombre d'éléments, parmi lesquels :
• les noms complets de l'employeur et du salarié ;
• l'adresse de l'employeur ;
• le lieu de travail ;
• l'intitulé du poste et la nature du travail ;
• la date de début de l'emploi ;
• si c'est un contrat temporaire, la durée prévue du contrat ou si le contrat de travail est établi pour une durée déterminée, la date d'expiration du contrat ;
• le taux de rémunération ou la méthode de calcul du salaire et la période de référence de la rémunération ;
• la périodicité des rémunérations ;

• les conditions relatives aux horaires de travail (y compris les heures supplémentaires et les droits en matière de pauses et de périodes de repos) ;
• les conditions relatives aux congés payés ;
• les conditions relatives aux congés de maladie et aux indemnités de maladie ainsi qu'aux régimes de pension ;
• les modalités du préavis pour les deux parties ;
• la référence à toute convention collective qui concerne directement les conditions d'emploi du salarié.

Les conflits entre employeurs et salariés sont portés devant le *Rights Commissioner* (commissaire aux droits). Les salariés ont un délai de six mois maximum, après avoir quitté leur poste, pour porter plainte. Si le désaccord persiste, les salariés peuvent faire appel de la décision en s'adressant à l'inspection du travail au *Department of Enterprise Trade and Employment.*

Les conditions de travail

La durée de travail et les congés

Les Irlandais travaillent en moyenne 48 heures par semaine. Cependant, cette durée peut être calculée sur quatre, six ou douze mois en fonction de différents critères (secteur d'activité, activité régulière ou saisonnière, convention collective, etc.). Les salariés bénéficient de congés payés rémunérés, selon le temps travaillé. La plupart d'entre eux ont droit à quatre semaines de congés payés dans l'année.

Le salaire minimum

En Irlande, le salaire minimum est de 8,65 euros de l'heure.

L'impôt sur le revenu (*Income Tax*)

Comme les Britanniques, les Irlandais sont imposés à la source, c'est le système du PAYE qui prévaut : *Pay as you earn*. Le seuil d'imposition est fixé en fonction de la situation familiale. Les personnes dont le revenu est inférieur au seuil d'imposition sont exonérées de l'impôt sur le revenu. Deux démarches importantes sont à effectuer. La première : communiquer à votre employeur votre numéro de Sécurité sociale irlandais (*PPS number*) puis retirer un certificat de crédit d'impôt en complétant le formulaire 12 A. Faites ensuite parvenir ce document au bureau des impôts.

Deux tranches d'imposition existent, elles sont fonction du niveau de revenus :
• le taux standard est de 20 % pour la première tranche ;
• 41 % pour la seconde tranche.

Si vous êtes salarié pour la première fois en Irlande, vous devez demander un *Personal Public Service number* (*PPS number*) auprès de l'office des affaires sociales de votre localité (*Local Social Welfare Office*) dépendant du ministère des Affaires sociales et de la Famille. C'est une démarche très simple qui consiste à remplir un formulaire, après quoi un numéro personnel d'identification vous est attribué qui vous identifie donc auprès des autorités irlandaises.
Pour plus de renseignements, contactez le *Revenue Commissionners* ou le *Department of Social and Family Affairs*.

▶ Contacts
• Department of Social and Family Affairs – Townsend Street – 157-164, Townsend St – Dublin 2. Tél. : 00 353 (0) 1 704 3000.
Internet : www.welfare.ie
• Revenue Commissionners – Central Registration Office – 9-10, Upper O'Connell Street – Dublin 1. Tél. : 00 353 1 874 6821.
Fax : 00 353 1 874 6078. Internet : www.revenue.ie

Les relations au travail

S'il existe de nombreuses similitudes avec la culture anglaise, la culture irlandaise a aussi ses spécificités. Les relations professionnelles sont moins strictes, plus décontractées. L'utilisation des prénoms est de mise, la poignée de main se pratique uniquement pour une première rencontre. Quant aux embrassades, elles ne se pratiquent tout simplement pas. Les Irlandais sont réputés pour être *easy going*, des gens plutôt *cool* et relax, ce qui n'enlève rien à leur professionnalisme. Les journées de travail se finissent souvent au pub, une des activités favorites des Irlandais. Ne négligez pas ces moments de socialisation et de convivialité ; c'est d'une part l'occasion de mieux faire connaissance avec vos collègues et de leur manifester de l'intérêt, d'autre part, une opportunité de mieux vous intégrer à la culture locale, le pub en étant un élément central. Il est d'usage de payer sa tournée (*round*) à tour de rôle. N'essayez pas de vous y soustraire, vous seriez alors très mal perçu. A l'inverse, évitez une attitude trop m'as-tu-vu, tape à l'œil. Enfin, certains sujets sont encore tabous ou en tout cas délicats à aborder, surtout de la part d'un étranger fraîchement débarqué. La politique et la question de l'Irlande du Nord sont des sujets délicats et très sensibles, tout comme les questions liées à l'avortement, toujours interdit en Irlande, pays très catholique. Le divorce, lui, a été légalisé par un référendum en novembre 1995. Plutôt que de risquer de froisser vos interlocuteurs, prenez le temps de mieux comprendre la culture et l'histoire locales avant d'émettre un quelconque jugement de valeur.

5. Investir en Irlande

De nombreuses entreprises étrangères ont choisi d'investir en Irlande et d'y installer leur siège européen. Elles sont impliquées dans un large éventail d'activités, dans des secteurs aussi divers que le commerce électronique, les nouvelles technologies, l'informatique, la communication et l'information, la pharmacie, les technologies médicales, les services financiers, etc. La France possède 130 filiales : celles-ci emploient environ 10 000 personnes dans l'industrie et les services.

Où se renseigner ?

En France, plusieurs organismes peuvent vous aider dans vos recherches et démarches en vue de créer une entreprise en Irlande : l'ambassade d'Irlande, la chambre de commerce franco-irlandaise, Ubifrance, les Euro info centres, entre autres. Vous pouvez vous reporter à la partie sur la Grande-Bretagne de ce guide ou au carnet d'adresses en fin d'ouvrage.

En Irlande, quelques organismes phares vous seront d'une aide certaine.

Le *Department of Enterprise, Trade and Employment*

C'est le ministère de l'Entreprise, du Commerce et de l'Emploi. Toute personne souhaitant investir sur le territoire irlandais est vivement encouragée à s'y référer. Si vous cherchez des renseignements sur la législation en vigueur, les entreprises, les conditions de création, des statistiques, des contacts, rendez-vous sur son site Internet. Vous y trouverez même de l'information en français.

▶ Contact
Department of Enterprise – Trade & Employment – 23, Kildare Street – Dublin 2. Tél. : 00 353 1 631 2121. Fax : 00 353 1 631 2827.
Internet : www.entemp.ie E-mail : info@entemp.ie

La mission économique française en Irlande

La mission économique de l'ambassade de France en Irlande renseigne et conseille les Français désirant s'implanter et investir dans ce pays. Elle fournit des informations détaillées ainsi que des analyses par secteur et par thème sur la vie économique du pays, mais également de l'information plus générale sur l'expatriation.
Les missions économiques éditent des guides par pays dans la collection « S'implanter en... », qui présentent les points fondamentaux en matière juridique, fiscale et économique.

▶ **Contact** : Service Economique - Marine House – Clanwilliam Place – Dublin 2. Tél. : + 353 (0) 1 668 0777. Fax : + 353 (0) 1 661 7291.
Internet : www.dgtpe.fr/se/irlande E-mail : dublin@missioneco.org

Industrial Development Agency (IDA)

L'*Industrial Development Agency* (Agence de développement industriel) est un organisme gouvernemental irlandais qui a pour mission de favoriser l'investissement étranger dans le pays. Il informe et aide les investisseurs potentiels, accompagne ceux qui ont opté pour l'Irlande et encourage également les investisseurs existants à accroître et développer leurs activités. Vous y trouverez une liste d'entreprises étrangères installées en Irlande, classées par secteur d'activité.

▶ **Contacts**
• Office français : IDA Irlande – 33, rue de Miromesnil – 75008 Paris.
Tél. : 01 43 12 91 80. Fax : 01 47 42 84 76.
Internet : www.idaireland.com
• Office irlandais : IDA Ireland Wilton – Park House – Wilton Place – Dublin 2

Irish Exporters Association (IEA)

L'*Irish Exporters Association* (association irlandaise des exportateurs) s'adresse à tous les entrepreneurs évoluant dans le domaine du commerce international. Elle représente tous types d'entreprises dans l'exportation, aussi bien les PME qui démarrent leur activité dans le commerce international que les multinationales exportant leurs produits et services dans le monde entier.

▶ **Contact**
Irish Exporters Association (IEA) – 28, Merrion Square – Dublin 2.
Tél. : 00 353 (0) 1 661 2182. Fax : 00 353 (0) 1 661 2315.
Internet : www.irishexporters.ie E-mail : iea@irishexporters.ie

Créer sa société

En tant que ressortissants européens, les Français ont le droit de travailler en Irlande, sans avoir à demander un permis de travail, ils peuvent aussi créer ou reprendre une entreprise ou encore y exercer une profession libérale. Pour vous renseigner plus avant sur les autorisations de séjour, contactez le *Aliens Office*. Toutefois, certaines activités sont réglementées (les tours opérateurs et agences de voyage par exemple), il faut alors obtenir une autorisation préalable avant d'entreprendre la moindre démarche ; l'organisme qui s'en charge est le *National Standards Authority of Ireland* (NSAI), organisme de réglementation irlandais.

▶ **Contacts**
• Aliens Office – Garda Siochana – Harcourt Square – Dublin 2. Tél. : 00 353 (0) 475 5555. Fax : 00 353 (0) 1 478 0060.
• National Standards Authority of Ireland (NSAI) – I Swift Square – Northwood – Santry – Dublin 9. Tél. : + 353 1 807 3800. Fax : + 353 1 807 3838. E-mail : info@nsai.ie

Statuts

Si vous souhaitez créer votre société en Irlande, la première des choses sera alors d'en choisir le statut. Il existe, comme partout, différentes formes juridiques possibles, à vous de voir laquelle est la plus adaptée à votre activité, en tenant compte d'un certain nombre d'éléments (création seul ou avec des associés, statut du créateur, capital disponible, type d'activité…). Des avocats spécialisés ou même, dans un premier temps, les conseillers des différents organismes précédemment évoqués peuvent vous orienter et vous aider à choisir la meilleure configuration.
Dans tous les cas, sachez que les structures les plus courantes sont, comme en Grande-Bretagne, les *limited company*. Il en existe quatre sortes :
• la *private company limited by shares* ;
• la *company limited by guarantee having a share capital* ;

• la *company limited by guarantee not having a share capital* ;
• la *public limited company*.

Le statut le plus répandu est celui de la *Private Limited Company*, appelée aussi plus simplement *limited*. Facile à créer et peu coûteuse, c'est aussi la solution choisie par la majorité des Français qui montent une affaire en Irlande.
La *limited* présente peu de contraintes : un capital variable, librement fixé. Son fonctionnement est relativement souple. Les démarches sont assez simples. Il faut tout d'abord déterminer une dénomination sociale, remplir le formulaire A1, rédiger le *memorandum* (dossier de constitution) ainsi que les *articles of constitution* (statuts de la société). Les documents sont ensuite enregistrés auprès du *Companies Registration Office* (registre des sociétés). Pour l'ensemble de la procédure, comptez quelques semaines.

▶ Contact
Companies Registration Office (CRO) – Parnell House – 14, Parnell Square – Dublin 1. Tél. : 00 353 (0) 1 804 5200.
Fax : 00 353 (0) 1 804 5222. Internet : www.cro.ie
E-mail : info@cro.ie

Fiscalité

L'impôt sur les sociétés (*Corporation Tax*) s'applique de la même manière aux entreprises, quelle que soit leur forme. Depuis le 1er janvier 2003, son taux est de 12,5 %. Malgré les plans d'austérité et les mesures drastiques qui ont été adoptés afin de sauver l'économie nationale, le pays s'est fixé un point d'honneur à ne pas relever ce taux qui reste ainsi le plus attractif d'Europe. L'enjeu ? Demeurer une destination de choix pour les investisseurs étrangers. Les revenus non-commerciaux (intérêts, loyers, redevances, etc.), eux, sont soumis à un taux de 25 %, à quelques exceptions près. La taxe sur la valeur ajoutée (ou TVA) porte sur les dépenses de consommation. Le taux standard de TVA en Irlande est supérieur à celui pratiqué en France : il s'élève à 21,5 % (sauf dans certains cas).

▶ Contacts
• Revenue Commissioners – 9/15 Upper O'Connell Street – Dublin 1. Tél. : (01) 414 9700/ 9777. Internet : www.revenue.ie
• le site web BASIS (*Business Advice on State Information and Services*) vous renseigne dans de nombreux domaines : www.basis.ie/home

6. Les principales villes irlandaises

Si Dublin, la plus grande et la plus connue des villes irlandaises, remporte encore tous les suffrages, d'autres villes se développent et gagnent également à être connues. Voici une présentation sommaire des quatre villes les plus importantes du pays ; elles ont chacune leur spécificité et leur attrait.

Cork

Où est-ce ?

Cork est la deuxième ville du pays. Elle est située sur la côte sud, légèrement en retrait, elle est traversée par la rivière Lee. Rivale de Dublin, ses habitants ont coutume de dire de Cork qu'elle est la véritable capitale du pays. Son tempérament particulièrement indépendant et révolté lui a également valu le surnom de « ville rebelle » (*Rebel County*). C'est d'ailleurs la ville de Michael Collins, l'un des héros de l'indépendance irlandaise. Le centre-ville est situé sur une île de la rivière Lee. C'est une agglomération jeune et dynamique qui accueille de nombreux étudiants et artistes. Parmi les sites à visiter, citons *Shandon Church*, appelée aussi *Saint Anns Church*, elle est réputée pour son fameux carillon à huit cloches ; *Saint Finbarr's Cathedral*, de style gothique, elle est dédiée au protestantisme ; *Butter Exchange*, ancienne halle au beurre transformée en centre artisanal ; le *Cork Public Museum*…

La vie culturelle

Cork a été capitale européenne de la culture en 2005. Pour l'occasion, la ville a entrepris des aménagements en son centre-ville et a restauré de nombreux édifices. L'atmosphère est à la fois dynamique et détendue à Cork. *Saint Patrick's Street*, l'axe principal de la ville, vaut la promenade, mais la véritable animation se trouve plutôt dans les rues adjacentes, *Paul Street*, par exemple, qui concentre boutiques branchées, bars et restaurants à la mode. C'est le quartier idéal pour flâner, faire les boutiques ou déguster une *Beamish* ou une *Murphy*, les deux bières brunes brassées à Cork, qui rivalisent avec la *Guinness*.

Si son architecture laisse à désirer, l'*Opera House* présente, en revanche, un intérêt au niveau culturel. Sa programmation est variée et originale, tout particulièrement son célèbre festival de jazz qui a lieu fin octobre. Grands amateurs de courses de lévriers, les Irlandais fréquentent assidûment le *Greyhound Track*, le cynodrome de Cork.
La ville gagne chaque jour en renommée : elle a ainsi entamé l'année en figurant dans le top 10 des villes à visiter en 2010 par les guides *Lonely Planet*.

La population

Cork City : 123 000 habitants
Population étudiante : 25 000

Dublin

Où est-ce ?

Capitale de l'Irlande, c'est aussi la plus grande ville du pays. Située sur la côte est irlandaise à l'embouchure de la Liffey. Celle-ci délimite la ville en deux parties : le Northside et le Southside. Le Northside est plutôt ouvrier et pauvre, le Southside est davantage aisé, c'est le quartier des classes moyennes et supérieures. Cette démarcation n'est cependant pas aussi systématique. Un des quartiers les plus chics de Dublin, Howth, se trouve au nord de la ville, tout comme la résidence officielle du président de la république d'Irlande (*Áras an Uachtaráin*) ou encore celle de l'archevêque catholique de Dublin. A l'inverse, Ballyfermot, Crumlin ou Palmerstown sont des banlieues ouvrières et sont situées dans le Southside. En une quinzaine d'années, la ville s'est considérablement métamorphosée. Le développement économique du pays, et particulièrement de la région de Dublin, ainsi que les aides de l'Union européenne ont contribué à transformer cette capitale aux allures provinciales en une métropole européenne de premier plan, avec les avantages et les inconvénients que cela comporte. Le coût de la vie y a augmenté, notamment en ce qui concerne l'immobilier.

La vie culturelle

La capitale irlandaise est l'un des centres culturels les plus importants du pays. Samuel Beckett, James Joyce, George Bernard Shaw,

Jonathan Swift, Oscar Wilde, William Butler Yeats, pour ne citer qu'eux, sont dublinois. De style géorgien, elle recèle de nombreux trésors architecturaux, historiques et culturels. Pêle-mêle : l'université *Trinity College*, la *Bank of Ireland*, *Christ Church Cathedral*, *Saint Patrick's Cathedral*, *Dublin Castle* (ancien centre du pouvoir britannique sur l'île), le *National Museum*, la *National Art Gallery*... De nombreux parcs et squares valent également le détour. Haut lieu de la vie culturelle et surtout de la vie nocturne, le quartier de *Temple Bar* porte bien son nom. Il abonde de bars, clubs et restaurants où la *Guinness*, originaire de Dublin, coule à flots.
En ce qui concerne les manifestations culturelles, sportives, artistiques et musicales, ne pas hésiter à se rendre sur le site de l'office de tourisme de Dublin qui répertorie l'ensemble des événements. Attention : le choix est vaste !

▶ **Contact**
www.visitdublin.com

La population

Dublin Urban Area : 1,1 million d'habitants

Galway

Où est-ce ?

A la pointe occidentale de l'Europe, sur la côte ouest de l'Irlande, Galway est traversée par la rivière Corrib. Elle est surnommée la « ville des tribus » (*the City of the Tribes*), en référence aux quatorze tribus, les tribus de Galway (*the Galway Tribes*), qui régnaient sur la ville au Moyen Age. Ville étudiante, touristique, cosmopolite, elle développe également une industrie de pointe.

La vie culturelle

Parmi les sites historiques et culturels intéressants figurent *Lynch's Castle*, le *City Museum* ou *Saint Nicholas Church*. Fondée en 1320, c'est la plus grande église médiévale du pays, toujours en activité ; Christophe Colomb s'y serait arrêté en 1477. Elle est aussi célèbre pour avoir abrité l'union du premier couple homosexuel en Irlande, en 2002.

Toutefois, l'attrait de Galway réside davantage dans la vie culturelle et l'animation qui y règne, tout particulièrement l'été. En effet, à cette époque de l'année, les festivals et manifestations de rue en tous genres se multiplient. Danse, théâtre, musique, cinéma, Galway fait la part belle à la culture et tout particulièrement à la culture gaélique.

Voici quelques-uns de ses célèbres festivals :

• *Galway Early Music Festival* (festival de musique de Galway) : il se déroule tous les ans au cours du mois de mai et dure trois jours. Les différentes cultures de l'Europe du XIIe au XIIIe siècle y sont à l'honneur ;

• *Galway Races* : les Irlandais et les étrangers viennent en nombre assister aux fameuses courses de chevaux de Galway. C'est la rencontre hippique la plus importante du pays, et la deuxième de toutes les îles britanniques. Elle a lieu fin juillet, début août et les festivités durent une semaine entière. A cette période de l'année, les amateurs équestres se mêlent aux touristes et la ville est littéralement envahie ;

• *Galway International Oyster Festival* (festival international de l'huître) : la ville est connue pour avoir les meilleurs fruits de mer du pays. Cet événement, de notoriété mondiale, se déroule tous les ans en septembre.

La population

Galway : 72 400 habitants

Limerick

Où est-ce ?

Troisième ville du pays, Limerick est située au centre de la région du Midwest, à l'embouchure de l'estuaire du Shannon. Elle bénéficie d'une position stratégique, étant à mi-chemin des trois autres principales villes du pays : Dublin, Cork et Galway.

Le centre-ville de Limerick est historiquement subdivisé entre l'*English Town*, quartier traditionnel sur *King's Island*, et l'*Irish Town*, comprenant la partie la plus ancienne de la ville, au sud de la rivière, ainsi qu'une partie plus moderne, *Newtown Pery*, le quartier économique.

A l'origine, l'activité de la ville et de la région était essentiellement agricole, centrée sur la production de viande. Mais l'implantation relativement récente de plusieurs multinationales a transformé la région. La proximité de l'université de Limerick, du *Limerick Institute of Technology*, de l'aéroport international de Shannon et du *Shannon Development* (agence de développement économique) contribue à l'essor de la région.

La vie culturelle

Limerick connaît un renouveau culturel. Elle propose une offre musicale et théâtrale riche, variée et vivante. La chanteuse d'opéra Catherine Hayes et le comédien Richard Harris sont originaires de Limerick. Son patrimoine historique et culturel mérite le détour : *Hunt Museum*, considéré comme le plus beau musée irlandais après le *National Museum* de Dublin, *Saint Mary's Cathedral*, *King John's Castle*, *Treaty Stone* en sont quelques exemples.
La ville a également une très bonne réputation sportive, grâce à ses infrastructures de très bonne qualité et à la ferveur de ses joueurs et de ses supporters. Les habitants de Limerick sont de grands amateurs, en joueurs ou en spectateurs, de nombreux sports tels le rugby à XV, le sport le plus populaire, et aussi de sports nationaux comme le *hurling* ou le football gaélique.

La population

Limerick City : 52 539 habitants

CARNET D'ADRESSES

1. En France

Les ambassades et autres représentations

Ambassade de Grande-Bretagne
35, rue du Faubourg Saint-Honoré – 75008 Paris
Tél. : 01 44 51 31 00
Fax : 01 44 51 32 34
Internet : http://ukinfrance.fco.gov.uk

Ambassade d'Irlande
4, rue Rude – 75116 Paris
Tél. : 01 44 17 67 00
Fax : 01 44 17 67 50
Internet : www.embassyofireland.fr

British Council
9, rue de Constantine – 75340 Paris cedex 07
Tél. : 01 49 55 73 00
Fax : 01 47 05 77 02
Internet : www.britishcouncil.org
E-mail : coursanglais@britshcouncil.fr et exams@britshcouncil.fr

Centre culturel irlandais
5, rue des Irlandais – 75005 Paris
Tél. : 01 58 52 10 30
Internet : www.centreculturelirlandais.com

University of London Institute in Paris
9-11, rue de Constantine – 75340 Paris cedex 07
Tél. : 01 44 11 73 83/ 76
Fax : 01 45 50 31 55

Office de tourisme de Grande-Bretagne (Visitbritain)
Vistibritain est fermé au public.
Internet : www.visitbritain.fr

Office national du tourisme irlandais
L'office national est fermé au public.
Tél. : 01 70 20 00 20
Internet : www.discoverireland.com/fr

UK Trade and Investment
35, rue du Faubourg Saint-Honoré – 75008 Paris
Tél. : 01 44 51 31 69
Fax : 01 44 51 34 01
Site Internet : www.ukinvest.gov.uk
E-mail : ukti.paris@fco.gov.uk

Les centres d'information et organismes spécialisés

Agence Socrates
25, quai des Chartrons – 33080 Bordeaux cedex
Tél. : 05 56 00 94 00
Internet : www.europe-education-formation.fr

Association pour l'emploi des cadres (APEC)
51, boulevard Brune – 75014 Paris
Tél. : 0810 805 805
Internet : www.apec.fr

Centre d'information et de documentation jeunesse (CIDJ)
CIDJ (siège) – 101, quai Branly – 75015 Paris
Tél. : 01 44 49 12 00
Internet : www.cidj.com

• Centre régional d'information jeunesse de Lorraine
20, quai Claude-le-Lorrain – 54000 Nancy
Tél. : 03 83 37 04 46
Fax : 03 83 35 03 25
Internet : www.jeunesenlorraine.org
E-mail : cri.jlorraine@wanadoo.fr

• Centre régional d'information jeunesse de Basse-Normandie
16, rue Neuve Saint-Jean – 14000 Caen
Tél. : 02 31 27 80 80
Fax : 02 31 27 80 89
Internet : www.crij-bn.org
E-mail : ij@crij-bn.org

• Centre régional d'information jeunesse du Poitou-Charentes
64, rue Gambetta – BP 176 – 86004 Poitiers cedex
Tél. : 05 49 60 68 68
Fax : 05 49 60 68 70
Internet : www.ij-poitou-charentes.org
E-mail : info@ij-poitou-charentes.org

• Centre régional d'information jeunesse d'Auvergne
5, rue Saint-Genès – 63000 Clermont-Ferrand
Tél. : 04 73 92 30 50
Internet : www.espaceinfojeunes.net
E-mail : espace.info.jeunes@wanadoo.fr

• Centre régional d'information jeunesse de Bourgogne
50, rue Berlier – BP 72615 – 21026 Dijon cedex
Tél. : 03 80 44 18 35
Fax : 03 80 44 18 45
Internet : www.ijbourgogne.com

• Centre régional d'information jeunesse de Provence-Alpes
96, la Canebière – 13001 Marseille
Tél. : 04 91 24 33 50
Fax : 04 91 47 74 89
Internet : www.crijpa.com
E-mail : crijpa@crijpa.com

• Centre régional d'information jeunesse de Corse
9, rue César-Campinchi – BP 246 – 20294 Bastia cedex
Tél. : 04 95 32 12 13
Fax : 04 95 32 50 77
Internet : www.crij.phpnet.org
E-mail : crijcorse@wanadoo.fr

• Centre régional d'information jeunesse de la Martinique
Résidence La Pointe – Bât. Pomme Cannelle – 3, rue Henri-Lero – BP 470 – 97205 Fort-de-France cedex
Tél. : 05 96 63 50 57
Fax : 05 96 60 34 05
Internet : www.crij-martinique.asso.fr
E-mail : crij.martinique@wanadoo.fr

• Centre régional d'information jeunesse de La Réunion
28, rue Jean-Chatel – 97400 Saint-Denis
Tél. : 0262 20 98 20
Fax : 0262 20 98 21
Internet : www.crij-reunion.org
E-mail : crij-reunion@crij-reunion.org

La Documentation française
29, quai Voltaire – 75007 Paris
Tél. : 01 40 15 71 10
Internet : www.ladocumentationfrancaise.fr

Espace emploi international (EEI)
48, boulevard Bastille – 75012 Paris
Tél. : 01 53 02 25 50
Internet : www.pole-emploi-international.fr
E-mail : eei.anaem@ampe.fr

• Délégation régionale de Lille
12, rue Jemmapes – 59009 Lille
Tél. : 03 28 52 20 31

• Délégation régionale de Lyon
20, rue Eugène-Deruelle – 69432 Lyon cedex 03
Tél. : 04 37 23 64 93/ 94/ 95/ 96
E-mail : eei-lyon-anaem@pole-emploi.fr

• Délégation régionale de Marseille
3, avenue Alexandre-Dumas – 13008 Marseille
Tél. : 04 91 32 83 63

• Délégation régionale de Strasbourg
4, rue Gustave-Doré – 67000 Strasbourg
Tél. : 03 88 23 41 70

• Délégation régionale de Toulouse
EEI Pôle emploi – 2 bis, avenue de l'URSS – 31400 Toulouse cedex 4
Tél. : numéro unique, 39 49
E-mail : eei.toulouse-anaem@pole-emploi.fr

Maison des Français de l'étranger (MFE)
48, rue de Javel – 75015 Paris
Tél. : 01 43 17 60 79
Internet : www.mfe.org
E-mail : mfe@mfe.org

NARIC France
1, rue Descartes – 75005 Paris
Tél. : 01 55 55 04 28
Internet : www.ciep.fr/enic-naricfr
E-mail : enic-naric@ciep.fr

Centre international d'études pédagogiques
1, avenue Léon-Journault – 92318 Sèvres cedex
Tél. : 01 45 07 60 00
Fax : 01 45 07 60 01

Centre Europe direct – Documentation française
29, quai Voltaire – 75007 Paris
Tél. : 01 40 15 71 10
Internet : www.ladocumentationfrancaise.fr
et www.touteleurope.fr

Ubifrance

• Paris (siège social) – 77, boulevard Saint-Jacques – 75998 Paris cedex 14
Tél. : 0810 817 817
Internet : www.ubifrance.fr

• Marseille. Espace Gaymard – 2, place d'Arvieux – 13200 Marseille

Les chambres de commerce

Les chambres de commerce et d'industrie

Vous trouverez la liste complète des chambres de commerce sur le portail des chambres de commerce et d'industrie : www.cci.fr ou encore sur le site de l'assemblée des chambres françaises de commerce et d'industrie : www.acfci.cci.fr

• Chambre de commerce et d'industrie de Lyon
Place de la Bourse – 69289 Lyon cedex 02
Tél. : 0 821 231 251
Internet : www.lyon.cci.fr

• Chambre de commerce et d'industrie de Marseille-Provence
Palais de la Bourse – BP 1856 – 13221 Marseille cedex 01
Tél. : 0 810 113 113
Internet : www.marseille-provence.cci.fr

• Chambre de commerce et d'industrie de la Martinique
50, rue Ernest-Deproge – 97200 Fort-de-France
Tél. : 05 96 55 28 00
Fax : 0596 60 66 68
Internet : www.martinique.cci.fr

• Chambre de commerce et d'industrie de Moselle
10-12, avenue Foch – BP 70330 – 57016 Metz cedex
Tél. : 03 87 52 31 00
Fax : 03 87 52 31 99
Internet : www.moselle.cci.fr

• Chambre de commerce et d'industrie Nice Côte d'Azur
20, boulevard Carabacel – BP 1259 – 06005 Nice cedex 01
Tél. : 0 820 422 222
Internet : www.ccinice-cote-azur.com

• Chambre de commerce et d'industrie de Paris
27, avenue de Friedland – 75382 Paris cedex 08
Tél. : 0820 012 112
Internet : www.ccip.fr

• Chambre de commerce et d'industrie de Strasbourg et du Bas-Rhin
10, place Gutenberg – 67081 Strasbourg
Tél. : 03 88 75 25 25
Internet : www.strasbourg.cci.fr

• Chambre de commerce et d'industrie de Toulouse
2, rue Alsace-Lorraine – BP 10202 – 31002 Toulouse cedex 6
Tél. : 05 61 33 65 00
Fax : 05 61 55 41 26
Internet : www.toulouse.cci.fr

• Chambre de commerce et d'industrie de Versailles
21, avenue de Paris – 78021 Versailles cedex
Tél. : 01 30 84 78 78
Fax : 01 39 02 03 99
Internet : www.versailles.cci.fr

UCCIFE (Union des chambres de commerce et d'industrie françaises à l'étranger)
46, avenue de la Grande-Armée – CS 50071 – 75858 Paris cedex 17
Tél. : 01 40 69 37 60
Fax : 01 40 69 37 83
Internet : www.uccife.org
E-mail : infos@uccife.org

Chambre de commerce et d'industrie franco-britannique
31, rue Boissy-d'Anglas – 75008 Paris
Tél. : 01 53 30 81 30
Fax : 01 53 30 81 35
Internet : www.francobritishchambers.com
E-mail : information@francobritishchamber.com

Chambre de commerce et d'industrie franco-irlandaise
33, rue Miromesnil – 75008 Paris
Tél. : 01 53 43 12 33
Internet : www.franceirland.com

Les associations

L'Association démocratique des Français à l'étranger (ADFE)
62, boulevard Garibaldi – 75015 Paris
Tél. : 01 43 06 84 45
Fax : 01 43 06 08 99
Internet : www.adfe.asso.fr
E-mail : contact@adfe.org

L'Union des Français de l'étranger (UFE)
28, rue de Châteaudun – 75009 Paris
Tél. : 01 53 25 15 50
Fax : 01 53 25 10 14
Internet : www.ufe.org

2. En Grande-Bretagne

Important

Les ambassades et autres représentations

Ambassade de France en Grande-Bretagne
58, Knightsbridge – Londres SW1X 7 JT
Tél. : 00 44 20 7073 1000
Fax : (44-207) 0731 042
Internet : www.ambafrance-uk.org
E-mail : presse.londres-amba@diplomatie.gouv.fr

Bureau emploi formation du consulat général français à Londres
6, Basement Cromwell Place – London SW7 2EN
Tél. : 00 44 20 7073 1226/ 1233
Fax : 00 44 20 7073 1294
Internet : www.emploi-formation.org.uk

Chambre de commerce française
CCFGB – Lincoln House 4th floor – 300 High Holborn – Londres WC1V 7JH
Tél. : 020 7092 6600
Fax : 020 7092 6601
Internet : www.ccfgb.co.uk
E-mail : mail@ccfgb.co.uk

Consulat général de France à Edimbourg
11, Randolph Crescent – Edinburgh EH3 7TT
Tél. : 00 44 13 1225 7954
Internet : www.ambafrance.org.uk

Consulat général de France à Londres
21, Cromwell Road – Londres SW 2 EN
Tél. : 00 44 20 7073 1200
Fax : 00 44 20 7073 1256
Internet : www.ambafrance-uk.org

Les centres d'information et organismes spécialisés

Centre Charles Péguy
2nd Floor Devonshire House – 164-168, Westminster Bridge Road – London SE1 7RW
Tél. : 020 7960 2614
Fax : 020 7960 2619
Internet : www.cei-frenchcentre.com
E-mail : ccp@cei-frenchcentre.com

Le Dispensaire français
184, Hammersmith Road – London W6 7DJ
Tél. : 020 8222 8822
Fax : 020 8222 8823

Guy's Hospital
Great Maze Pond – London SE1 9RT
Tél. : 020 7188 7188
Internet : www.guysandstthomas.nhs.uk

Medicare français
3, Harrington Gardens – London SW7 4JJ
Tél. : 020 7370 4999
Internet : medicare-francais.co.uk

NARIC, National Academic Recognition Information Centre
UK NARIC – Oriel House – Oriel Road – Cheltenham – Glos GL50 IXP
Tél. : 00 44 871 330 7033
Fax : 00 44 871 330 7005
Internet : www.naric.org.u
E-mail : info@naric.org.uk

Recruitment Employment Confederation (REC)
Albion khjgHouse – Chertsey Road – Woking – Surrey GU21 6BT
Tél. : 020 7009 2100
Fax : 020 7935 4112
E-mail : info@rec.uk.com

Carnet d'adresses

British Concil
1, Kingsway Cardiff – CF10 3AQ
Internet : www.britishcouncil.org
Tél. : 029 2092 4311
Fax : 029 2092 4301
E-mail : erasmus@britishcouncil.org

Universities & Colleges Admissions Service for the UK
Customer Service Unit – UCAS – PO Box 28 – Cheltenham GL52 3LZ
Tél. : 00 44 330 333 0230

Les universités

Aston University
Aston Triangle – Birmingham B4 7ET
Tél. : 00 44 0121 204 3000
Internet : www.aston.ac.uk

Cardiff University
CF10 3XQ – Wales
Tél. : 00 44 029 2087 4000
Internet : www.cardiff.ac.uk

Imperial College London
Exhibition Road – South Kensington – London SW7 2AZ
Tél. : 020 7589 5111
Internet : www3.imperial.ac.uk
E-mail : admissions@imperial.ac.uk

King's College London
Strand London WC2R 2LS
Tél. : 00 44 2078 365454
Internet : www.kcl.ac.uk

London School of Economics
Houghton Street – London WC2A 2AE
Tél. : 00 44 020 7955 7060
Internet : www.2.lse.ac.uk
E-mail : UG-admissions@lse.ac.uk

Loughborough University
Ashby Road – Loughborough – Leicestershire LE11 3TU
Tél. : 00 44 1509 263171
Internet : www.lboro.ac.uk

School of Oriental and African Studies
Thornhaugh Street – Russell Square – London WC1H OXG
Tél. : 00 44 2076 372 388
Internet : www.soas.ac.uk
E-mail : registar@soas.ac.uk

University College of London
Gower Street – London WC1E 6BT
Tél. : 02076 792 000
Internet : www.ucl.ac.uk
E-mail : degree-info@ucl.ac.uk

University of Bath
Claverton Down – Bath BA2 7AY
Tél. : 00 44 1225 323019
Fax. : 00 44 1225 826 366
Internet : www.bath.ac.uk
E-mail : admissions@bath.ac.uk

University of Bristol
Senate House – Tyndall Avenue – Bristol BS8 1TH
Tél. : 00 44 1179 289 000
Fax : 00 44 1179 251424. Internet : www.bristol.ac.uk
E-mail : admissions@bristol.ac.uk

University of Cambridge
Kellet Lodge – Tennis Court Road – Cambridge CB2 1QJ
Tél. : 01223 333 308
Internet : www.cam.ac.uk
E-mail : admissions@cam.ac.uk

University of Durham
Old Shire Hall – Old Elvet – Durham DH1 3HP
Tél. : 00 44 1913 346 328 (International Office)
Internet : www.dur.ac.uk

Carnet d'adresses

University of East Anglia
Norwich NR4 7TJ
Tél. : 00 44 01603 456 161
Internet : www1.uea.ac.uk

University of Edinburgh
Old College – South Bridge – Edinburgh EH8 9YL
Tél. : 00 44 1316 501 000
Internet : www.ed.ac.uk
E-mail : communications.office@ed.ac.uk

University of Lancaster
Bailrigg – Lancaster LA1 4YW
Tél. : 00 44 1524 592 037 (International Office)
Internet : www.lancs.ac.uk
E-mail : ugadmissions@lancaster.ac.uk

University of Leicester
University Road – Leicester LE1 7RH
Tél. : 00 44 0116 252 2522
Fax : 00 44 0116 252 2200
Internet : www.le.ac.uk

University of London
Egham – Surrey TW20 OEX
Tél. : 00 44 1784 434 455
Internet : www.rhul.ac.uk

University of Newcastle
Kensington Terrace – Newcastle upon Tyne NE1 7RU
Tél. : 00 44 1912 226 000
Internet : www.ncl.ac.uk
E-mail : admissions-enquiries@ncl.ac.uk

University of Oxford
Wellington Square – Oxford OX1 2JD
Tél. : 00 44 1865 270 000
Fax : 00 44 1865 270 708
Internet : www.ox.ac.uk
E-mail : undergraduate.admissions@admin.ox.ac.uk

University of St Andrews
College Gate – North Street – St Andrews – Fife KY16 9AJ (Scotland)
Tél. : 00 44 1334 476 161
Internet : www.st-andrews.ac.uk
E-mail : admissions@Standrews.ac.uk

University of Sheffield
Western Bank – Sheffield S10 2TN
Tél. : 00 44 1142 222 2000
Internet : www.sheffield.ac.uk
E-mail : ug.admissions@sheffield.ac.uk

University of Southampton
University Road – Southampton SO 17 1BJ
Tél. : 00 44 023 8059 5000
Fax : 00 44 023 8059 3131
Internet : www.soton.ac.uk
E-mail : admissns@soton.ac.uk

University of Warwick
Coventry CV4 7AL
Tél. : 00 44 2476 523 523
Internet : www.warwick.ac.uk
E-mail : ugadmissions@warwick.ac.uk

University of York
Heslington – York YO1 5DD
Tél. : 00 44 1904 430 000
Fax : 00 44 1904 433 433
Internet : www.york.ac.uk
E-mail : admissions@york.ac.uk

The University of Nottingham
Nottingham NG7 2RD
Tél. : 00 44 1159 515 151
Fax : 00 44 1159 513 666
Internet : www.nottingham.ac.uk
E-mail : undergraduate-enquiries@nottingham.ac.uk

3. En Irlande

Les ambassades et autres représentations

Agence Consulaire de Cork
18, Mary Street – Cork
Tél. : 00 353 21 4311 180
Fax : 00 353 21 4311 671
Internet : www.frenchconsulcork.com

Agence Consulaire de Galway
Derryglen Oughterard – Recess PO – Co. Galway
Tél. : 00 353 91 552 820

Agence Consulaire de Limerick
Blackwater Ard-na-Crusha – Limerick
Tél. : 00 353 61 343 051
Fax : 00 353 61 343 011

Ambassade de France en Irlande
36, Ailesbury road – Ballsbridge – Dublin 4
Tél. : 00 353 12 775 000
Fax : 00 353 12 775 004
Internet : www.ambafrance.ie

Les centres d'information et organismes spécialisés

Aliens Office. Garda Siochana
Harcourt Square – Dublin 2
Tél. : 00 353 (0) 475 5555

Alliance Française
1, Kildare Street – Dublin 2
Tél. : 00 353 16 761 732
Internet : www.alliance-francaise.ie

Approach People Recruitment
Quantum House, Temple Road – Blackrock – Co. Dublin
Tél. : France : 0820 29 20 12 (0,12 euro/min.)
Irlande : 00 353 (0) 12 12 30 30
Fax : 00 353 (0) 12 12 30 66
Internet : www.approachpeople.com
E-mail : info@approachpeople.com

Central Admissions Office (CAO)
Tower House – Eglinton Street – Galway
Tél. : 00 353 (0) 91 509 800
Fax : 00 353 (0) 91 562 344
Internet : www.cao.ie

Companies Registration Office (CRO)
Parnell House – 14, Parnell Square – Dublin 1
Tél. : 00 353 (0) 18 045 200
Fax : 00 353 (0) 18 045 222
Internet : www.cro.ie
E-mail : info@cro.ie

Department of Enterprise, Trade & Employment
23, Kildare Street – Dublin 2
Tél. : 00 353 16 312 121
Fax : 00 353 16 312 827
Internet : www.entemp.ie
E-mail : info@entemp.ie

Department of Health
Hawkins House – Hawkins Street – Dublin 2
Tél. : 00 353 16 354 000
Fax : 00 353 16 354 001
Internet : www.dohc.ie

Department of Social and Family Affairs
Townsend Street – 157-164, Townsend St – Dublin 2
Tél. : 00 353 (0) 17 043 000
Internet : www.welfare.ie
EU/International : Áras Mhic Dhiarmada – Store Street – Dublin 1

Employment Agency Section, Department of Enterprise and Employment
Davitt House – 65a, Adelaide Road – Dublin 2
Tél. : 00 353 16 313 131
Fax : 00 353 16 313 329
Internet : www.entemp.ie/employment/rights/agencies
E-mail : erinfo@entemp.ie

Employment Rights Information Unit
Davitt House – 65A, Adelaide Road – Dublin 2
Tél. : 00 353 16 313 131
Internet : www.entemp.ie
E-mail : erinfo@entemp.ie

Fáilte Ireland (Office du tourisme Irlandais)
95 Amiens Street – Dublin 1
Tél. : 1890 525 525
Internet : www.failtireland.ie et www.discoverirland.ie

FAS (Foras Aiseanna Saothair - Training and Employment Authority)
PO Box 456 – 27-33, Upper Baggot St – Dublin 4
Tél. : 00 353 16 070 500
Internet : www.fas.ie

Industrial Development Agency (IDA)
Wilton Park House – Wilton Place – Dublin 2
Tél. : 00 353 (0) 16 034 000
Fax : 00 353 (0) 16 034 040
Internet : www.ida.ie
E-mail : idaireland@ida.ie

Irish Business & Employers Confederation (IBEC)
84-86, Lower Baggot Street – Dublin 2
Tél. : 00 353 16 051 500
Fax : 00 353 16 381 500
Internet : www.ibec.ie

Mission économique française en Irlande
Marine House – Clanwilliam Place – Dublin 2
Tél. : 00 353 (0) 1 668 0777
Fax : 00 353 (0) 1 661 7291
Internet : www.dgtpe.fr/se/irlande

Motor Taxation Office
Dublin City Council – Block B – Blackhall Walk – Queen Street – Dublin 7
Tél. : 1890 411 412
Internet : www.motortax.ie
E-mail : motortax@transport.ie

National Standards Authority of Ireland (NSAI)
1 Swift Square – Northwood – Santry – Dublin 9
Tél. : 00 353 18 073 800
Fax : 00 353 18 073 838
Internet : www.nsai.ie
E-mail : info@nsai.ie

Revenue Commissionners, Central Registration Office
9-10, Upper O'Connell Street – Dublin 1
Tél. : 1890 333 425
Fax : 00 353 18 746 078
Internet : www.revenue.ie

Department of Education and Science
Marlborough Street – Dublin 1
Tél. : 00 353 506 21363
Internet : www.education.ie

Les chambres de commerce

Chambers Ireland
17, Merrion Square – Dublin 2
Tél. : 00 353 14 004 300
Internet : wwww.chambers.ie

Ireland France Chamber of Commerce (IFCC)
44 Upper Mount Street – Dublin 2
Tél. : 00 353 16 449 760
Internet : www.IrelandFrance.com
E-mail : info@irelandfrance.com

Les associations

Association des Français en Irlande (AFI)
c/o Nathema - Embassy House - Herbert Park Lane – Dublin 4
Internet : www.afi.ie

Irish Exporters Association (IEA)
28, Merrion Square – Dublin 2
Tél. : 00 353 (0) 16 612 182
Fax : 00 353 (0) 16 612 315
Internet : www.irishexporters.ie
E-mail : iea@irishexporters.ie

Les universités

Dublin City University
Dublin 9
Tél. : 00 353 17 005 566
Internet : www.dcu.ie/contact.shtml
E-mail : registry@dcu.ie

National University of Ireland, Galway
University Road – Galway
Tél. : 00 353 (0) 91 524 411
Internet : www.nuigalway.ie
E-mail : international@nuigalway.ie

National University of Ireland, Maynooth
Kildare
Tél. : 00 353 17 086 000
Internet : www.nuim.ie
E-mail : admissions@nuim.ie

Trinity College Dublin
College Green – Dublin 2
Tél. : 00 353 18 961 000
Internet : www.tcd.ie
E-mail : admissions@tcd.ie

University College Cork
Cork
Tél. : 00 353 21 490 3000
Internet : www.ucc.ie

University College Dublin
Belfield – Dublin 4
Tél. : 00 353 17 167 777
Internet : www.ucd.ie
E-mail : international@ucd.ie

University of Limerick
Plassey – Limerick
Tél. : 00 353 (0) 61 202 700
Fax : 00 353 (0) 61 330 316
Internet : www.ul.ie

34/38, rue Camille-Pelletan - 92309 Levallois-Perret cedex
Imprimerie France Quercy - 46090 Mercuès - **N° 00906**
Imprimé en France - 2e trimestre 2010

Service éditorial : Marjorie Champetier, Elsa Goisnard,
Deborah Lopez, Marie Tourat
Conception graphique : Catherine Aubin

Dépôt légal à parution
ISBN 978-2-7590-0950-3